心若向往 无所畏惧

主　编：严文科

副主编：王小丹　李雁彬　习一帆

编　委：习一帆　李雁彬　李小成　白　雪　闻　兰　张贵子　杨　虎　李　刚　安增红　白文芳　王永华　严娟娟　王小丹　程　敏　张艳青　周玉倩　马中武　索木东　王　峰　王晓敏　杨　梁　李晓龙　刘燕呢　何　涛　祁再彬　赵　德　赵国三　石泉新　朱秀红　李　强　张　燕　刘　燕　郑秀芹　北　方　刘　兴　吕成武　国　辉　孙玉凤　李静美　程学峰　赵　新　苏启明　于连成　王茂胜　张宪成　金国良　白辛农　左鸿存　左文开　罗　云　刘志刚　祁何娜　王旭日　李长河　吴丽丽　张倩茹　马　悦　段德虎　孟志成　陈宝军　刘孟德　鲁建德　祁晓静　毕玉华　梁美桐　王俊峰　崔欣鑫

長江出版傳媒　湖北教育出版社

(鄂)新登字 02 号

图书在版编目(CIP)数据

心若向往　无所畏惧/严文科主编.
—武汉:湖北教育出版社,2015.9(2020.11 重印)
(心灵物语)
ISBN 978-7-5351-9730-6

Ⅰ.心…
Ⅱ.严…
Ⅲ.阅读课-中学-课外读物
Ⅳ.G634.333
中国版本图书馆 CIP 数据核字(2015)第 178989 号

心若向往　无所畏惧　XIN RUO XIANG WANG　WU SUO WEI JU

出 品 人	方　平		
责任编辑	陈　浩	责任校对	刘慧芳
装帧设计	牛　红　何亦明	责任督印	张遇春

出版发行	长江出版传媒	430070	武汉市雄楚大街 268 号
	湖北教育出版社	430070	武汉市雄楚大街 268 号
经　　销	新　华　书　店		
网　　址	http://www.hbedup.com		
印　　刷	天津旭非印刷有限公司		
开　　本	880mm×1230mm　1/32		
印　　张	5.75		
字　　数	131 千字		
版　　次	2015 年 9 月第 1 版		
印　　次	2020 年 11 月第 8 次印刷		
书　　号	ISBN 978-7-5351-9730-6		
定　　价	14.80 元		

让心灵的黑夜变得明亮起来

本丛书是一套专门给12岁到18岁这个年龄段的青少年阅读的人生励志及人生哲学图书。旨在帮助青少年成为人格独立、品德高尚、心理健康、思维活跃、情感丰富、全面成长的阳光公民。

一

我们精选了30个能体现现代人生哲学和青春密码的汉字，围绕每个汉字，从中外有真情实感、意味隽永的小品文中选编了能体现、说明这个汉字内涵和外延的文章，从不同层次、多个角度来阐述和探索我们所思考的主题。

丛书共分感动卷、青春卷、智慧卷三个系列。

感动卷包括“家”“恋”“爱”“惜”“念”“生”“仁”“禅”“励”“悟”。从情感入手，探索人性的表象和内在，感知社会表象下面的真实存在，梳理人与人、人与事之间的各种关系，给社会转型时期形成的很多人生疑问和困惑一个简单、清晰、正确的目标和方向以及一些基本的原则，帮助我们构建善良、友爱、真诚的情感世界。

青春卷包括“缘”“恒”“砺”“慕”“志”“惑”“奋”“怅”“蜕”“狂”。从人格成长的角度出发，结合我们成长过程中遇到的各种社会难题，突出青春的张力、生命的激情，让自尊、独立、坚韧、友爱这些公民在现代社会中所必须具备的品格清晰化、明确化，在心灵层面上剖析生命的真实价值，滋养、构建当下青少年更加积极、坚韧、博大的人格世界。

智慧卷包括“善”“因”“容”“追”“新”“勤”“舍”“谦”“和”“勇”。从人的智慧启迪这一角度出发，突出当下人们所经常面对的热点问题及由此衍生出来的智慧和人生哲学。人生处处有智慧，每个人、每件事因智慧的存在而变得可爱和美好，点点滴滴的智慧可以美化当代青少年的心灵。

二

本书所编选的文章，大都比较短，但意蕴深长，阅读的引导和感悟简洁，适合青少年阅读。

本书所选文章的作者，有中国的，有外国的，有的声名远播于世界，有的著名于一国。有的像隐士，名气不十分大，但却如一盏灯，在自己居住的城市或乡村，在生活和工作中耕耘思想，用思想中的光亮和温暖去影响着周围的人。可以这样说，所有的作者，都是思想者，是光明的传播者，他们无一例外都在探索人类心灵的世界，把真善美的光明传递给我们。

我们特意在每本书中选编了几首诗歌，诗歌是人类思想的灵魂，读一首清新隽永的诗，可以让你的心灵增加一份美丽。

三

读书可以让心灵的黑夜变得明亮起来，读书可以让夜行人看见天边的北斗，读书可以让远航的船只看见灯塔！当生命纠结得一塌糊涂时，读书可以让人清醒，让人振奋！

从青春年少到疲惫的暮年，你所向往的足以让你心灵宽慰、满足、惬意的神奇的地方，就在你的心灵里，当你的心里充满了阳光，当你的心灵因为到处是光明而没有遮碍，那些有形无形的墙就自然消失了，那些原本出不去的城堡，也就会有了向你敞开的大门！

这时，你就可以听见世间万物的低语，他们如大地上的风，在四季，在任何地方，从任何方向，向你诉说着他们心底里珍藏的声音……

主编：严文科

目录

contents

第一辑 / 心中有太阳，道路无阻

第二辑 / 在荆棘丛中从容穿过

第三辑 / 该出手时就出手

第四辑 / 小步亦可跨千里

第五辑 / 我思故我在

第六辑 / 我愿是激流

第七辑 / 谦虚谨慎，勇者无敌

第八辑 / 每一天都是新的

第一辑

·心中有太阳，道路无阻

希望不是别人所能够给你的，它只能靠你自己去用心把握。在一个人追求的道路上，希望可能是黑夜中引导你走向光明的一盏灯，也有可能是你辨不清方向时引导你走向正确道路的路标……只要你心中希望不灭，在任何艰难的环境里，你都会树立起自己美丽的人生信念。人的一生可能会很平淡，也可能会很暗淡，甚至有可能陷入不见天日的黑夜中，但是无论如何，我们唯独不能丢失的便是心中的希望。因为只要有了希望，就没有什么事情是不能做到的，那么让希望常驻心中吧！

心灵佳句

在人生的道路上，一个人是绝不能没有希望的，因为没有希望的人生就像没有叶子的树、没有香味的花朵。

在一个人追求的道路上，希望可能是黑夜中引导你走向光明的一盏灯，也有可能是你辨不清方向时引导你走向正确道路的路标……

心中常有希望

汪 洋

大海岸边是一片悬崖，看日出的人们看到一个人痴迷地望着远方海天相接处太阳升起来的地方。良久良久那人都没有动一下，就像一尊雕塑一样。而这个时候，太阳早已经升起来了。人们将目光投向那人所望着的方向，却什么也没有发现。这究竟是怎么回事呢？人群中终于有个人忍不住好奇走到了那人身边，向一脸痴迷的那人问道："请问你看到了什么？"听到问询后，那人将头侧过来看着问话的人说："你说我能看见什么呢？"问话的这人顿时惊得瞪大了双眼，他没有办法不产生这样的表情。因为出现在他眼前的是一双空洞无物的眼睛，这样的眼睛毫无疑问是什么东西也看不见的。这人很为自己刚才的鲁莽而后悔，急忙对那人说："对不起！我不知道你……"

“没什么，你又没有做错什么。”那人打断了这人的话语。

“可是你……”这人一脸的疑惑不解。

“你是不是觉得我这样根本就不可能是来看日出的，对不对？因为在你的眼里盲人是什么也看不见的。”那人微笑着说，“其实我和你们一样是来看日出的。虽然我的眼睛什么东西都看不见了，但是我可以用耳朵听。太阳每次初升的时候，大海都在咆哮，那是兴奋的声音，那是希望的声音。我的眼睛刚瞎的时候，我认为自己的整个世界都崩塌了，是太阳初升时大海的咆哮声唤起了我的希望。”

原来日出是可以听得见的，只要用一颗充满希望的心。

另外还有一个关于盲人的故事。

一天晚上，一只捕蟹船在茫茫大海上航行，正向岸边驶去。船上一共有两个人，瞎了眼的父亲和他的儿子。就在父子两人开心地谈笑时，刚刚还好好的天突然变脸了，霎时间乌云翻滚，恶浪汹涌，狂烈的风哗啦一声吹断了桅杆，捕蟹船和父子两人顿时被卷入到了黑色的旋涡中，覆舟在即。“爸爸，我无法辨清回家的方向啦！”儿子在船头绝望地喊道。

瞎了眼的父亲踉踉跄跄地从船舱里摸了出来，推开不知所措的儿子，坚定地站在船头，亲自掌舵。

捕蟹船最终没有被这突变的天气所毁灭，它在瞎了眼的父亲的亲自驾驭下，安全地劈开风浪，驶到了岸边。

“爸爸，你的眼睛根本什么东西都看不见，怎么还能准确地判断出岸的方向呢？”儿子不解地问。儿子本来以为他们父子二人一定会葬身大海的，却没有想到瞎了眼的父亲使他们免除了这场突如其来的灾祸。

瞎了眼的父亲悠闲地说：“我已经在这片海域里捕了几十年蟹，对这里的情况非常熟悉，更重要的是我的心里装着一盏希望的灯。”

一个盲人眼睛看不见了，却那么痴迷地在悬崖边和其他正常人一起观看日出，他是用心中不泯的希望在倾听；瞎了眼的父亲在夜色漆黑、巨浪滔天的大海上，凭借心里装着的那盏希望的灯回到了岸边。两位盲人都在告诉我们这样一个道理，心中要常有希望。在人的一生中，总是难以避免地要遭受到各种艰难困苦的打击，但是只要你心中常有美好的希望，那些艰难困苦又算得了什么呢？正如这两位盲人一样，他们的眼睛虽然瞎了，但是依然干着正常人才能够干的事情，甚至是正常人干不了的事情。原因只有一个，那就是在这两位盲人的心里面从来就没有泯灭过对生活、对未来的希望。在人生的道路上，一个人是绝不能没有希望的，因为没有希望的人生就像没有叶子的树、没有香味的花朵。

希望不是别人所能够给你的，它只有靠你自己去用心把握。在一个人追求的道路上，希望可能是黑夜中引导你走向光明的一盏灯，也有可能是你辨不清方向时引导你走向正确道路的路标……只要你心中希望不灭，在任何艰难的环境里，你都会树立起自己美丽的人生信念。人的一生可能会很平淡，也有可能会暗淡，甚至有可能陷入到不见天日的黑夜中，但是无论如何，我们唯独不能丢失的便是心中的希望。因为只要有了希望，就没有什么事情是不能做到的，那么让希望常驻心中吧！

智慧微信

生活没有希望就好像鸟儿断了翅膀，生活没有希望就好像一潭死水。大千世界，春天有流莺娇娇语，黄鹂树上鸣，秋天有果实压枝低，风送叶飘零。这些美景对于盲人来说都没有意义，他们再也看不到这些风景。盲人是痛苦的，可是命运并没把所有的出口都堵住，他们还有希望。没有了眼睛还有耳朵，赏不到风景可以听风景，听莺歌燕语，听风入林声。

希望只能靠自己赋予，困顿交迫时心结还需要自己来解开。只要有一颗怀有希望的心，生活就还有激情和意义。只要希望不灭，死水也会起波澜。有了希望，鸟儿就算断了翅膀又何妨？即使无法飞翔还有纤足一双。

（王娟）

心灵佳句

我们的意志从弱小无力的生命中汲取了无穷的力量，去征服世界和冲破神秘的黑暗。

软弱、短暂、幼小的生灵都蕴藏着特殊的、无拘无束的力量。

坚硬的荒原

［乌拉圭］何塞·恩里克·罗多　飞雪（编译）

这是一片一望无际的坚硬的荒原，它被笼罩在铅色的苍穹之下，凄清、空旷、寒冷，朴实得连一道皱纹都没有。

荒原上站着一位老人，高大瘦削，古铜色的脸，没有胡须，仿似一棵光秃秃的树。他的眼睛像这片荒原和天空一样冷峻；鼻梁仿似刀刻了一般挺立着；肌肉像那荒凉的土地一样粗犷；双唇如宝剑的锋刃一般薄。在他身旁站着三个骨瘦如柴、木然呆立的穷孩子。可怜的孩子瑟瑟发抖，老人却无动于衷、视若无睹。他手里捏着一把细小的种子，另一只手的食指戳着空气好像在戳着铜铁一般坚硬的东西。这时，他抓起一个孩子，把手里的种子给那孩子看，并用冰冷严厉的声音说："刨个坑，把它种上。"然后他才把孩子战栗的身体放下，那孩子扑通一声像一袋装满卵石的口袋落在了坚硬的荒原上。

“爹，”孩子抽泣着，“到处光秃秃、硬邦邦的，我怎么刨哇？”

“用牙啃。”还是那冰冷严厉的声音回答。他抬起一只脚把孩子的脖子踩在地上。可怜的孩子，牙齿咔咔作响，啃着岩石的表面，像在石头上磨刀。过了许久许久，那孩子终于在岩石上开出了一个骷髅大小的坑穴。然后又啃呀，啃呀，带着微弱的呻吟。可怜的孩子在老人脚下啃着。老人冷若冰霜、纹丝不动，像那坚硬的荒原一样。

当坑达到需要的深度，老人才抬起了脚。谁若亲眼目睹这场景，会越发心痛，因为孩子虽然只是个孩子，却已是满头白发。

老人用脚把他踢到一边，接着提起第二个孩子，这孩子已颤抖着目睹了前面的全部经过。

“给种子攒土。”老人对他说。

“爹，”孩子怯生生地问道，“哪里有土哇？”“风里有，把风里的土攒起来。”老人说着用拇指与食指将孩子可怜的下巴掰开，孩子迎着风，用舌头和喉咙将风中飘扬的尘土收拢起来，然后再将那微不足道的粉末吐出。又过了许久许久，老人仍旧冷若冰霜、纹丝不动地站在荒原上。

当坑穴填满了土，老人撒下种子，将第二个孩子丢在一旁。这孩子像被榨干了果汁的空壳，痛苦使他头发变白。老人对此不屑一顾，然后又提起最后一个孩子，指着埋好的种子对他说：“浇水。”孩子缩成一团，似乎在问他：“爹，哪里有水呀？”“哭，你眼睛里有。”老人说着扭转他那两只无力的小手，孩子眼中顿时刷刷落泪，干渴的尘土吸取着孩子的泪水。孩子就这样哭了许久许久，泪水汇成一条细流抚摸着土坑四周。种子从地表探出了头，然后抽出嫩芽。在孩子哭泣的同时，小树增加着枝叶。又经过了许久许久，直到那棵树繁茂挺拔、花香四溢，比那冷若冰霜、纹丝不动的老人还要高大，它孤零零地屹立在坚硬的荒原上。

风吹得树叶沙沙作响，天上的鸟儿都来到树枝上筑巢，它的花儿已经结果。老人放开孩子，他已经停止哭泣，满头白发。当三个孩子向树上的果实贪婪地伸出手臂时，那又瘦又高的老人又一次抓住了他们，仍旧重复着以往的行为。而后老人还是冷若冰霜、纹丝不动地站立在坚硬的荒原上。

那荒原是我们的生命，那无情的老汉是我们的意志，那三个瑟瑟发抖的孩子是我们的内脏、我们的技能、我们的力量。我们的意志从弱小无力的生命中汲取了无穷的力量，去征服世界和冲破神秘的黑暗。

一把尘土，被转瞬而逝的风吹起，当风停息时，又重新散落在地上。软弱、短暂、幼小的生灵都蕴藏着特殊的、无拘无束的力量。这力量胜过大海的怒涛、大地的引力和星球的运转。这把尘土告诉我们："如果你作为自由的力量存在并自觉行动，你便像我一样，是一种意志。然而如果你是盲目的、听天由命的力量，屈从于毫无意识的黑暗，那我就比你强得多，因为在天地万物之中，唯我为大。"

智慧微信

意志主宰着人的生命。

我们的生命就是这荒原，只有在意志的驱使下，用我们的内脏、我们的技能、我们的力量，在这满是岩石的荒原上种下希望的种子，才能使我们的生命荒原开满鲜花，才能使我们的灵魂充满智慧。

人们总是更倾向于安逸与慵懒，只有那些意志坚强的人，方能克制住自己内在的欲望和本能，才能迫使自己不断向前，最终取得成功。

保持顽强的意志，遇到困难不畏惧、不畏缩，勇往直前，永不放弃，这是通往成功的必要性格。咬咬牙，挺过旱季，丰沛的雨水很快就会降临。

（左夏林）

心灵佳句

“不，我没有迷路，只是不知不觉间路走得远了。去路是在我的前面，归路是在我的后面，我是在去路和归路的中间，我没有迷路。”

我凯旋似的执着松明大踏步归来。我自己取得了引路的灯火，这光照着山谷，照着森林，照着自己。

松　明

陆　蠡

没有人伴我，我乃不得不踽踽踯躅在这寂寞的山中。

没有月的夜，没有星，没有光，也没有影。

没有人家的灯火，没有犬吠的声音。这里是这样地幽僻，我也暗暗吃惊了。怎样地我游山玩水竟会忘了日暮，我来时是坦荡的平途，怎样会来到这崎岖的山路?

耳边好像听见有人在轻语：“哈哈！你迷了路了。你迷失在黑暗中了。”

“不，我没有迷路，只是不知不觉间路走得远了。去路是在我的前面，归路是在我的后面，我是在去路和归路的中间，我没有迷路。”

耳边是调侃的揶揄。

我着恼了。我厉声叱逐这不可见的精灵，他们高笑着去远了。

萤火虫在我的面前飞舞，但我折了松枝把它们驱散。小虫，谁信你们会做引路的明灯？

我于是倾听淙淙的涧泉的声音。水应该从高处来，流向低处去。这便是说应该从山上来，流向山下去。于是我便知道了我是出山还是入山。

但是这山间好像没有流泉。即使有，也流得不响，因为我耳朵听不到泉涧的声音。

于是我又去抚摸树枝的表皮。粗而干燥的应是向阳，细软而潮润的应是背阴，这样我便可以辨出这边是南，那边是北。一边是西，另一边是东。

但是我已经走入了蓊郁的森林里。这里终年不见阳光，我便也无法区辨树木的向阳与否。

我真也迷惑了。我难道要在山间过夜，而备受这刁顽的精灵的揶揄。也许有野兽来跑近我，将它冰冷的鼻放在我的身上，而我感到恶心与腥腻？

我终于起来，分开野草，拿我手里的铁杖敲打一块坚硬的石。一个火星迸发出来。我于是大喜，继续用杖敲打这坚石，让星火落在柔细的干枯的树叶上。于是发出一缕的烟，于是延烧到小撮的树叶，发出暗红的光。我又从松枝上折得松明，把它燃起来，于是便有照着整个森林的红光。

我凯旋似的执着松明大踏步归来。我自己取得了引路的灯火，这光照着山谷，照着森林，照着自己。

脑后，我隐隐听见山中精灵的低低的啜泣声。

智慧微信

人的一生不可能一帆风顺、一路坦途。黑暗的日子里，迷茫的旅途中，我们要勇敢地为自己寻找光明。

光明是什么？是理想，是希望，是能引领我们走出困境、走出黑暗的一切力量。这种力量的获得需要有乐观的、积极向上的心态，需要坚持不懈的奋斗精神，需要永不服输的意志。有了这些，一切的困难、一切的磨难都会显得微不足道，因为乌云遮不住太阳，光明不会输给黑暗。

从现在开始，提高自己获得光明的能力吧，它会让你把一切黑暗抛到脑后，让那些黑暗精灵在你面前只配哭泣。

（郝艳芬）

心灵佳句

哪怕只有一丝的希望，也不要轻易放弃。努力去争取，说不定就会峰回路转。

果真尽力挽回了吗?

张　鹰

日本邮政保险有限公司是全球十大人寿保险公司之一，大友吉田是这家公司的一名销售经理，他是2012年全公司的寿险销售冠军。

2013年7月初，韩国三星集团盛情邀请大友吉田前去韩国进行演讲。大友吉田对于首次出国演讲极为重视，做了精心的准备。不料，7月20日早晨，大友吉田在办理登机手续时被拦了下来——他竟然没有办理签证!

原来，在此前，大友吉田出国旅行，相关手续一律由旅行公司包办，自己从未操过心，也正因为此，他的脑海中根本没有形成出国办签证的观念。

大友吉田急忙打电话咨询旅行公司办理签证所需的时间，旅行公司的人告诉他由他们代办至少4天时间。不过，还有个办法可以节约很多时间，那就是直接向韩国驻日本总领事馆的总领事提出申请。可即便如此，也至少需要两天时间。而在韩国的演讲定于当天下午，等签证办下来，演讲时间早过了。

大友吉田很清楚，如果不能尽快把签证办下来，他将失信于人。该如何是好呢？大友吉田顿时慌了神，不过他随即意识到着急于事无补，只会让自己更加被动，于是他强迫自己冷静下来。大友吉田想：不到最后一刻就不要轻易放弃。

大友吉田抱着试试看的心理，急匆匆来到韩国驻日本总领事馆。到了快上班的时间，身旁的人告诉大友吉田总领事到了。大友吉田不顾一切地冲到总领事面前，大声请求说："我需要尽快办理签证，您能听我解释下吗？"几个高大威猛的安保人员立即冲上去，把身材矮小的大友吉田团团围住。大友吉田并没有被眼前的阵势给吓倒，仍旧不顾一切地朝总领事高喊："请您听我说！"没想到慈眉善目的总领事先生同意了他的请求，让他到办公室说明情况。

大友吉田先是说明了自己的来意，并就自己的马虎做了诚恳的反思，表示今后一定吸取教训，接着竭尽全力表达了自己的急切之情："我是受贵国的三星集团邀请前去演讲的，这是我的邀请函和行程表，请您过目。如果因为我的一时大意而使演讲泡汤的话，严重受损的不仅仅是我在业内的信誉，也会让贵国人民认为日本人是不讲信用的，从而影响到两国人民的友好交往！"总领事被大友吉田的诚意感动，采取特事特办，只花了 10 分钟就将他的签证办好。

返回机场后，尽管大友吉田原先要乘坐的飞机已经起飞，但是他改乘了另一班最快起飞的航班，提前 10 分钟抵达演讲现场。大友吉田不但按照原计划进行了演讲，还将自己惊心动魄的签证办理经历与观众进行了分享。现场观众为大友吉田的传奇经历鼓掌喝彩。

当我们陷入绝境时，我们总以为大势已去，事情已到了无可挽回的地步，其实未必。这个时候，不妨问问自己，果真尽最大努力去挽回了吗？哪怕只有一丝的希望，也不要轻易放弃。努力去争取，说不定就会峰回路转。

智慧微信

山重水复疑无路，柳暗花明又一村。散发着无穷魅力的古人智慧至今仍在启发着我们。人们总是抱怨命运的不公平，觉得自己已经足够努力了，而命运却还是把他们所有的辛劳付诸流水，在生活中人们经常遇到挫折困难，看似已经走投无路了，陷入绝境的人们往往在最后一刻没有了坚持下去的勇气。因为不能从容淡定地面对所处困境，认定所有的努力都是徒劳，便轻易地放弃了。殊不知绝望之中蕴含着希望，但是唯有坚持、努力争取、不轻易放弃的人才能看到希望的存在。

每当我们陷入难境时，不妨静下来细想一下，自己是否已经尽力了，或许只要再坚持一会儿，再努力一下，就可以看到希望。

（余姗）

心灵佳句

但正如所有生物一样，对某些东西的依赖或许能减轻，但却没有办法离开。

鱼的世界，也是人的世界，我们必须坚强地走下去。

一条鱼的故事

谢素军

大旱，不知发生在多少年以前，至少，戴丽丝没有从实验室出来之前，我们无从得知。但可以确定，当年一定发生了大旱。将这块土地还原成当年的泥浆，那条鱼的故事便是从这里开始的。

泥浆大概方圆 6 千米的样子，那个时候，还有水，但鱼儿已经发现，水位越来越低，于是，它们不断调整位置，跟着水流苟延残喘。

可惜，鱼的反应终究快不过整个地理的变化。有一天，鱼儿突然发现，自己的脊背露出了水面，它便想换个水更深的地方，但是，当它摆动尾巴时却发现，四周已无路可走，周边已经干涸。它可以想象，地上有许多个小水洼，被干旱分别隔开，而自己躺在其中之一，无可奈何。

“等死吗？很显然不是。”克里夫沉重地说道，“你们看，这些鱼是有腿的，在这样的深水里，这些腿显然是多余的，所以，这些腿的生长要追溯整个演变史，而那次干旱，可能正是转折点。”

那条鱼，在最后的时刻，毅然蹦出了水面，蹦上了干燥的土地，艰难地爬行，只为找到一个更大、更深的水洼。

循着水的气息，它，或者说它们，有的成功了，有的永远躺在了干旱的土地上。可是，千万不要乐观，这条鱼绝对不止一次离开水面，在漫长的干旱过程中，它一定吃了不少苦头，挣扎着爬滚到无数个水洼。

然后，一定是出于对陆地行走的需要，鱼儿长出了不同寻常的腿，很短，很突兀，让人难以接受，但这恰恰便是生存，世间万物都是如此。

但正如所有生物一样，对某些东西的依赖或许能减轻，但却没有办法离开。水，对于鱼来说，就是生命。

随着干旱的持续，鱼儿发现，无论怎么换地方，水都很少，甚至都没有水洼了，但是鱼儿活了下来，这是事实。

克里夫指挥队员在挖掘，我希望他是错的，但戴丽丝的电话告诉我，克里夫的猜测是正确的，一条鱼竟然会为了水往地底钻。当移动、变换位置无法解决问题的时候，最根本的还是需要扎根深处，借着一丝湿润的气息，去探寻能生存下去的水世界。

我看见，克里夫正对着岩石拍照，因为那里面有化石，那些鱼的化石，它们钻进地底，终于渴死在里面，随之干旱将它们彻底吸干。

“但有些鱼儿幸运地活了下来，因为它们坚持了更长时间，钻得更深，所以繁衍了下来。”戴丽丝说，“大概发生在两万到两万五千年之前，这真是一个古老的故事。”

身体润滑，呈条形，头尖，尾轻，游荡在地下湖，这是一个奇迹。或许当鱼的世界再次被破坏，它们肯定还是会活下去，只要我们不刻意去伤害。

鱼的世界，也是人的世界，我们必须坚强地走下去。

智慧微信

人，是大千世界的一员，大自然给了我们许多启示。和自然相比，和社会相比，我们的力量是渺小的，甚至是微不足道的。沧海桑田，斗转星移，一切的一切无时不在运动变化之中，变化是永恒的，不变才是相对的。物竞天择，适者生存。如果不能适应环境，遵从自然的法则、社会的法则，就会被这个世界淘汰。人不能被动接受变化，而要发挥主观能动性，主动采取各种措施去适应。我们适应得越早，适应得越好，生存的几率就越大，我们也就是生命擂台上的胜出者；反之，我们适应得越慢，越晚，遭受的打击会越多越大。

不要试图和这个社会角力，如果那样，我们只会碰得头破血流，只有及时更新观念，跟上时代的步伐，与时俱进才不会被这个社会抛弃。

（崔培荷）

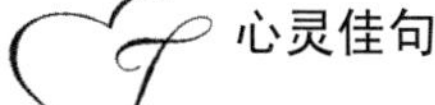

心灵佳句

让我们永远以微笑相见，因为微笑就是爱的开端，一旦我们彼此开始相爱，我们就会想着为对方做点什么。

美丽的微笑

［印度］特蕾莎　筱夕（编译）

穷人是非常了不起的。一天晚上，我们外出时从街上带回四个人，其中一个生命垂危。于是，我嘱咐修女们："你们照料其他三个，这个情况较糟的由我来照顾。"就这样，我为她做了我所能做到的一切。我将她放到床上，看见她脸上露出了美丽的微笑。她抓住我的手，只说了句"谢谢"就死了。

我情不自禁地在她面前审视起自己的良知。我问自己：如果我是她，当时我会说些什么呢？答案很简单，我会尽量引起别人对我的关注，说我饿、我冷、我疼、我要死了等等。但她给予我的却多得多，她对我表达了感激，还给了我离开人世前的微笑。

我们从污水沟带回的一个男子也是如此。当时，他半个身子几乎都被虫子咬坏。"在街上，我一直像动物一样活着，但是现在我却将像个天使一样地死去，有人爱也有人关心。"他竟能说出这样的话，我看到了他的伟大之处。他死去时没有责怪任何人，也没有诅咒任何人，而是像天使一样不与任何人攀比。这便是他的伟大之处。

我想，我们算不上真正的社会工作者。在人们眼中，我们或许是在做社会工作，但实际上，我们只是世界中心的修行者。我认为，在人类大家庭里，不应该用枪支弹药来破坏和平或者争取和平。我们只需要团结起来、彼此相爱，将和平、欢乐以及家庭每位成员生命的活力都带回世界。这样，我们就能战胜世界上存在的一切罪恶。

我准备用我所获得的诺贝尔和平奖奖金为那些无家可归的人建设家园，因为我相信，爱源自家庭。如果我们能为穷人建设家园，爱便会传播得越来越广。而且，我们将通过这种宽容、博大的爱带来和平，并使之成为穷人的福音。先为我们自己身边的穷人，再为我们国家、为全世界的穷人。

当我从街上带回一个饥肠辘辘的人时，给他一碗饭、一片面包，就能使他心满意足，就能驱除他的饥饿。但是，如果一个人露宿街头，感到不为人需要、不为人所爱、被社会抛弃，这样的贫困让人心痛、令人无法忍受。因此，让我们永远以微笑相见，因为微笑就是爱的开端，一旦我们彼此开始相爱，我们就会想着为对方做点什么。

智慧微信

文中所记述的这些垂死的穷人们，在生命的最后一刻所想的并不是他们自己的生理感受和需求，而是自然流露出的感恩以及对别的穷人的同情，他们虽然奄奄一息，但内心温暖，对世界充满着爱，这种苦难中流出来的微笑是震撼人心的。一点小小的关爱就可以让他们的灵魂安宁，让他们对这个世界保存最后的一丝希望。慈善事业无比高尚，只要这个世界上还存在着苦难，我们的善行就会放出璀璨的光芒。

（李雁彬）

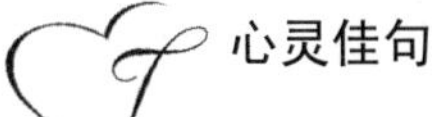

心灵佳句

我只是想告诉你，一件只值一美元的旧衣服，都有办法高贵起来，何况我们这些活生生的人呢？我们有什么理由对生活丧失信心呢？我们只不过黑一点、穷一点，可这又有什么关系呢？

高贵的生命不卑微

朱国勇

他是黑人，1963 年 2 月 17 日出生于纽约布鲁克林贫民区。他有两个哥哥、一个姐姐、一个妹妹，父亲微薄的工资根本无法维持家用。他从小就在贫穷与歧视中度过。对于未来，他看不到什么希望。没事的时候，他便蹲在低矮的屋檐下，默默地看着远山上的夕阳，沉默而沮丧。

13 岁的那一年，有一天，父亲突然递给他一件旧衣服："这件衣服能值多少钱？""大概一美元。"他回答。"你能将它卖到两美元吗？"父亲用探询的目光看着他。"傻子才会买！"他赌着气说。

父亲的目光真诚又透着渴求："你为什么不试一试呢？你知道的，家里日子并不好过，要是你卖掉了，也算帮了我和妈妈。"

他这才点了点头："我可以试一试，但是不一定能卖掉。"

他很小心地把衣服洗衣净，没有熨斗，他就用刷子把衣服刷平，铺在一块平板上阴干。第二天，他带着这件衣服来到一个人流密集的地铁站，经过六个多小时的叫卖，他终于卖出了这件衣服。

他紧紧攥着两美元，一路奔回了家。以后，每天他都热衷于从垃圾堆里淘出旧衣服，打理好后，去闹市里卖。

如此过了 10 多天，父亲突然又递给他一件旧衣服："你想想，这件衣服怎样才能卖到 20 美元？""怎么可能？这么一件旧衣服怎么能卖到 20 美元，它至多只值两美元。"

"你为什么不试一试呢？"父亲启发他，"好好想想，总会有办法的。"

终于，他想到了一个好办法。他请自己学画画的表哥在衣服上画了一只可爱的唐老鸭与一只顽皮的米老鼠。他选择在一个贵族子弟学校的门口叫卖。不一会儿，一个开车接少爷放学的管家为他的小少爷买下了这件衣服。那个 10 来岁的孩子十分喜爱衣服上的图案，一高兴，又给了他 5 美元的小费。25 美元，这无疑是一笔巨款！相当于他父亲一个月的工资。

回到家后，父亲又递给他一件旧衣服："你能把它卖到 200 美元吗？"父亲目光深邃，像一口老井幽幽地闪着光。

这一回，他没有犹疑，他冷静地接过了衣服，开始了思索。

两个月后，机会终于来了。《霹雳娇娃》的女主演、当红影星拉佛西来到纽约做宣传。记者招待会结束后，他猛地推开身边的保安，扑到了拉佛西身边，举着旧衣服请她签个名。拉佛西先是一愣，但是马上就笑了。的确，没有人会拒绝一个纯真的孩子。

拉佛西流畅地签完名。他笑了，黝黑的面庞，洁白的牙齿："拉佛西女士，我能把这件衣服卖掉吗？""当然，这是你的衣服，怎么处理完全是你的自由！"

他"哈"的一声欢呼起来："拉佛西小姐亲笔签名的运动衫，售价 200 美元！” 通过竞价，一名石油商人以 1200 美元的高价收购了这件运动衫。

回到家里，他和父亲，还有一大家人陷入了狂欢。父亲感动得泪水横流，不断地亲吻着他的额头：“我原本打算，你要是卖不掉，我就请人买下这件衣服。没想到你真的做到了！你真棒！我的孩子，你真的很棒……”

一轮明月升上山头，透过窗户柔柔地洒了一地。这个晚上，父亲与他抵足而眠。

父亲问：“孩子，从卖这三件衣服中，你有明白什么吗？”

“我明白了，您是在启发我，”他感动地说，“只要开动脑筋，办法总是会有的。”

父亲点了点头，又摇了摇头：“你说得不错，但这不是我的初衷。”

“我只是想告诉你，一件只值一美元的旧衣服，都有办法高贵起来，何况我们这些活生生的人呢？我们有什么理由对生活丧失信心呢？我们只不过黑一点、穷一点，可这又有什么关系呢？”

就在这一刹那间，他的心中有一轮灿烂的太阳升了起来，照亮了他的全身和眼前的世界。“连一件旧衣服都有办法高贵，我还有什么理由妄自菲薄呢！”

从此，他开始努力地学习，严格地锻炼，并时刻对未来充满着希望！ 20 年后，他的名字传遍了世界的每一个角落，他的名字叫——迈克尔·乔丹！

智慧微信

在这个纷繁复杂、变幻不定的社会里，没有什么事情是必然的。我们常说：是金子总会发光的。现在看来那不过是一句谦虚或者逃避现实的话语罢了。如果金子甘愿去做一颗石子，深埋在泥土里，那么它永远不会散发出诱人的光芒。社会进步得越快，越会更快地成就或者淘汰一些人。“连一件旧衣服都有办法高贵，我还有什么理由妄自菲薄呢！”这句话直戳人心，我们不要再为自己的颓废寻找各种理由，我们的生命来之不易，为什么不能像迈克尔·乔丹一样，通过努力，想尽办法，让自己高贵起来呢？

（靳志刚）

心灵佳句

危机困境并不完全是坏事，处在艰苦境地中，反而更能挑战人生的极限，使人激起迎难而上的勇气呀！

挂在墙上的美丽龟壳

英 涛

有段时间，我被某杂志社聘任为特约记者。我采访了很多成功人士，其中让我印象最深的是那位36岁的工艺品厂厂长。听他说完了他创业的艰辛历程，知道他曾有几起几落的不平常经历后，我问他："是什么给予了你在逆境中坚持前行的信念？"

他低头沉思一会儿，然后轻轻地转动他的老板椅，微笑着指他身后雪白的墙壁上挂着的一个美丽的龟壳标本，缓缓地给我讲这龟壳的来历：

七年前，年轻的他在第一次创办企业失败后，已经倾家荡产。他每天总觉得失魂落魄，不能正视现状，总是以酒解忧，喝得酩酊大醉。看他这样一蹶不振，新婚不久的妻子心疼不已，就带他四处散心。

那天，妻子带他去一个同学家里玩，这位同学是一位雕塑家。在雕塑家的书房里，他看到一个美丽的龟壳，头和尾部都有着翡翠一样的晶莹的绿色，在龟壳上有着深咖啡色的花纹。整个的形状像半个篮球，有着优美的弧线。

见他注意到这个龟壳，雕塑家说，这原来是属于一只生机勃勃的巴西龟。当年他到巴西旅行时看到这只漂亮的乌龟马上就喜欢上了，于是用重金买下了这只乌龟。可是这只乌龟太大了，足有30千克，不能随身携带，他想尽办法，通过了层层复杂的手续才把它用货柜经海路托运回国。

货轮行驶了三个月才到中国，雕塑家说，他当时以为乌龟可能早就死了，如果死了就做成标本。谁知道打开货箱时，这只乌龟还睁着炯炯有神的眼睛。

但让雕塑家没想到的是，这只乌龟在平安经历了三个月的行程后，有次却在他离开几天后死了。那次是他到另一个城市去指导安装他做的几组雕塑，要离开七八天，怕没人喂乌龟，临走时他放了熟透的香蕉在乌龟的地盘里。可是等他回来，却发现乌龟死了。原来是它一口气吃完了一大把香蕉，把自己撑死了。于是他就把龟壳留做纪念。

听完了乌龟壳的来历，他不由得深深地感慨：在极度的饥寒中还能顽强生存的乌龟，却在温暖舒适的雕塑家的家里因为吃得太饱而死亡。看来，在三餐饱暖中节制自己比在危困中忍耐还要难，太安乐容易使人产生惰性，失去奋斗的动力。而危机困境并不完全是坏事，处在艰苦境地中，反而更能挑战人生的极限，使人激起迎难而上的勇气呀！

后来，他便成了这只美丽乌龟外壳的主人，他把它挂在墙上，时时鞭策自己，不管面对什么样的忧患，都不要丧失斗志。经过不懈的努力，他终于走出一次次困境，再次成就了自己的辉煌的事业。这只龟壳，便是他追求成功人生的图腾。

智慧微信

我们总是习惯性地逃避挫折，追求安逸舒适的生活。但人生漫长的旅途不可能总是一帆风顺的，一路走来遇到的那些坎坷可能恰恰是人生的转折点。

在顺境中人会不自觉地滋生满足感，从而丧失了对更高目标的渴求。人生不应该只是某个阶段性的成功，我们应该把握每一次机会，争取从挫折中吸取经验挑战更高的目标。

（任秀中）

心灵佳句

不必把从别人那里听到的闲话太当真，你得给别人一个议论你的机会。

我们做事有时真的是难得糊涂，当然不是说我们真的糊涂。

以事实为根据，用自己的眼光来评判一个人。我希望别人怎样对待自己，就要先以那样的方式对待别人。

不畏人言

［美国］道恩·波特　孙开元（编译）

好莱坞可以说是多嘴者的乐园，每个人对别人都有一个看法，通常不会是什么好看法。人们对此习以为常，因为这里是好莱坞。谁来这里都会听到闲话，你只能把它当作是生活的一部分来接受它。不过我渐渐明白了，不必把从别人那里听到的闲话太当真，你得给别人一个议论你的机会。一个人可能因为绯闻和别人闹矛盾，甚至以其人之道还治其人之身，但这并不意味着你也要这样做。

我心血来潮想到写这些，是因为我真心喜欢某个人，可她在演艺圈里却是声名狼藉。她和谁搭档都会闹别扭、好揭露别人的隐私、不顾别人的感受，她的这些缺点众所周知。

再拿安吉丽娜·朱莉来说，我和她关系一直很好。我们一起开心地吃饭，谈起生活和爱情时，一聊就是半天，我有了烦恼给她打电话时，她总是热心地出主意，直到帮我解决了问题才会挂电话。人们对她微词颇多，我不认为那是编造，人无完人，她肯定也有不够检点的时候，但这从没影响过我的生活，那我为什么就不应该和她交往呢？朱莉对于我来说永远都是一个好朋友，她很风趣。

但是后来别人给我吹耳边风，说她的坏话，我开始冷落她。不久她就开门见山地问我为什么不再理她。我反思着："我在干什么？她又没做过什么对不起我的事。"于是我果断将听到的闲话弃之脑后，重新开始和她一起出去吃饭。我们相处得很愉快，和以前一样无话不谈。我们连她的处世态度都会谈到，她说了对于事业的看法，解释说，有时为了演反面角色时能更形象，所以有时表现得有些放荡不羁，但那并不是她的本质。

事情就是这样，其实我本人也经常会有成为众矢之的的时候。很多人在餐馆里看到过我喝了几杯酒后失态的讨厌样子，有的搭档因为我在拍戏时没能好好配合而不满，现在更加确信我的桀骜不驯。上学时老师和同学曾经都拿我当小孩子看待，现在说我还像 15 岁时那样幼稚。那些我对他们说过错话的人，觉得我说话前不过脑子（比如有一次我问一个女孩是不是怀孕了，其实人家没有），说实话，每到这时我的心里就难受得要命，有时甚至因此彻夜失眠。

我相信肯定有各种各样的人在议论各种各样关于我的事情，而且除非我真的变成了和议论中的人一样，传言才会结束，一想到这，我就浑身战栗。正因如此，每当我要根据传言来评判某个人时，我就想，我们做事有时真的是难得糊涂，当然不是说我们真的糊涂。

我想，特别是在好莱坞这个环境里，当人们听到别人的负面消息就会津津乐道，花边新闻更是能让人来精神。为了产生轰动效应，人们通常会夸大事实。所以你听到一个人多好或多坏，其实那个人未必真正如此。

我是不想再听、再信、再说传言了，而是以事实为根据，用自己的眼光来评判一个人。我希望别人怎样对待自己，就要先以那样的方式对待别人。

智慧微信

在信息时代，一条微博、一个微信就会产生很大的轰动效应，有的人“红”了，有的人“火”了，我们无法判断那些所谓的名人是不是在利用绯闻来炒作自己，但我们不可否认，网络时代给我们带来了巨大的信息，有积极的，有负面的。这些传言严重混淆了视听，给人们造成了巨大的精神负担。

都说人言可畏，三人成虎，现实中因为误信人言造成的人间悲剧不在少数，这就需要我们用自己的头脑去分析甄别，不能偏听偏信，也不能不理不睬。不发布流言，不散播流言，从我们自己做起，相信“流言止于智者”！

（赵仕龙）

第二辑

·在荆棘丛中从容穿过

现实生活中谁都会遇到困难和挫折，就看你能不能战胜它。战胜了，你就是英雄，就是生活的强者。

曾经有人说过："卓越的人的一大优点是，在不利与艰难的遭遇里百折不挠。"

苦难对于天才来说是一块垫脚石，对能干的人来说是一笔财富，对弱者来说是一个万丈深渊。

当你愿意直面挫折时，你才会察觉：挫折不过是成长中的一段段动人的插曲。

心灵佳句

面对突发事件，我们要提高自己的抗打击能力，随时准备迎接挑战，处变不惊，从容应对。而从容，则来自于自信，自信则源于自强，自强体现出镇定和沉稳。

不慌是一种能力

薛 峰

曾读到这样一个故事：每天晚上，云居禅师都要去荒岛上的洞穴里坐禅。几个爱捣乱的年轻人想捉弄他，便藏在他必经的路上，等到他过来的时候，一个人从树上把手垂下来，扣在禅师的头上。原以为禅师必定会被吓得魂飞魄散，哪知道云居禅师静静地站立不动。年轻人反而吓了一跳，急忙缩回手，此时，云居禅师又若无其事地离开了。

第二天，他们一起到云居禅师那儿去，他们问云居禅师："大师，听说附近经常闹鬼，有这回事吗？"云居禅师说："没有的事！""是吗？我们听说有人在晚上走路的时候被魔鬼按住了头。""那不是什么魔鬼，而是村里的年轻人！""为什么这么说呢？"云居禅师笑道："因为魔鬼没有那么宽厚暖和的手呀！"

很佩服云居禅师处事不惊的能力，在遭到吓人的突然袭击时，他竟然还能从一只宽厚暖和的手来判断出是村里年轻人的恶作剧，这份定力实在了不起。而这种不慌的能力，又是许多人所缺少的。

我有一个朋友，他研究生毕业，在求职时，找了十多家单位，都没能成功。我问他原因，他说是因为面试失败。怎么失败？每次他面对用人单位的考官时，都忍不住心跳加快，双腿颤抖，语无伦次。我说怎么会这样呢？他说他以前很少接触陌生人，在大学时整天只待在图书馆忙论文，现在需要面对很多陌生的人，而这些陌生人又决定着他的就业，他就紧张不已。

对此，我很感慨。处事不慌，真是一种可贵的能力。一个人，无论你有多么高的学历，无论你脑子里装了多么丰富的学问，但当面临一件事情、需要选择时，心里都会发慌，这是很失败的。因为世事变幻，祸福无常。人生在世，完全有可能碰到一些意外的突发事件。面对突发事件，我们要提高自己的抗打击能力，随时准备迎接挑战，处变不惊，从容应对。而从容，则来自于自信，自信则源于自强，自强体现出镇定和沉稳。

当然，一个人的从容不是生来就有的，它需要生活的阅历和人生的积累，需要你有独立思考和敢于承担的能力，需要有过硬的本领。只有这样，你才能让自己拥有一颗不会发慌的心。一个人一旦拥有这样一种处事不慌的能力，他不仅能够做到遇事不乱，而且还能因为自己处事镇定看清事实，为自己赢得更多的好评与更多的机会。

智慧微信

修为深厚的禅师能够识破年轻人的恶作剧是因为不慌，求职中屡遭失败的硕士是因为慌乱。可见不慌是一种能力、一种修为。“慌”使一个人的智慧大打折扣，本来能识破的机关不能识破，本来能解决的问题不能解决。让人发慌的原因是什么呢？人们在做事的时候心中充满了“得失”，使得人们怕失而喜得，也正因如此，怕失却失，喜得得去。常言“心怯处有鬼”，如果用一颗纯粹的心面对所遇到的问题，不被其他的东西负累，我们所想要的才能如愿以偿，害怕的才会远去。

遇事不慌，沉着应对是通过对自己平时不断地培养和心灵的修炼而达到的境界，在日常生活中不妨去有意地培养这种能力，你也许会受益终生。

（韩建龙）

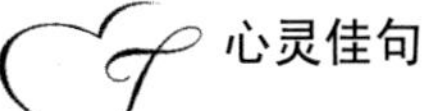

心灵佳句

台风之所以无法吹走一只蝴蝶，是因为蝴蝶的不顺从，它依靠自身内在的生命力量，在台风中得以生存下来。

不顺从，不是呆板、愚笨，而是坚守在狂风中的那舞动双翅的美丽。

风无法吹走一只蝴蝶

李良旭

美国西海岸遭受到了一场特大台风的袭击。台风过后，这里犹如世界末日，到处是满目疮痍，一片狼藉：几百年的大树被连根拔起，房屋被吹倒，小轿车被吹到十几千米远的地方，一家养牛场里几百头大黄牛全部被吹得无影无踪……

救援人员在清理废墟时惊讶地发现，在一棵倒塌的树木的树枝上，几只蝴蝶正抖动着薄如蝉翼的翅膀，用纤细的前肢在脸上刷来刷去。对于刚刚发生的这场巨大台风，这些蝴蝶好像根本不以为然，它们仿佛刚刚经历了一场洗浴，此刻正悠闲自得地除去身上的污垢。

这真是一个令人称奇的现象，为什么台风能将小轿车吹到十几千米远的地方，大黄牛全部被吹得无影无踪，几百年的大树被连根拔起，而这些轻如鸿毛的蝴蝶却毫发无损呢？

研究人员最后发现，台风之所以无法吹走一只蝴蝶，是因为蝴蝶的不顺从，它依靠自身内在的生命力量，在台风中得以生存下来。

不顺从,竟使看似轻如纸片的蝴蝶得以在巨大台风面前生存下来。研究人员对弱小蝴蝶生命中巨大的内在力量，不禁肃然起敬。他们指出，如果我们拥有蝴蝶那种不顺从的力量，很多生命都会在台风中幸存下来。

我们常说墙头芦苇，两头摆。一点风刮来，都会顺风倒，没有立场。新近播出的电视剧《乡村爱情圆舞曲》中保安队长宋晓辉，就是一个不顺从的角色。无论是面对董事长，还是总经理、同事，就是在爱情上，也不顺从。他的不顺从，看似固执、愚钝，但都蕴含着智慧和勇气。

在观众忍俊不禁的笑声中,我们看到了小人物宋晓辉鲜明的个性,他柔软的生命中蕴藏着那种不顺从的生命力量，他就像是一只蝴蝶，在任何台风中，依然淡定自若，坚守生命中的那缕亮色。

人生中，我们往往缺少的不是坚强和勇敢，而是缺少来自于生命中那宝贵的、不顺从的底蕴。不顺从，不是呆板、愚笨，而是坚守在狂风中的那舞动双翅的美丽。

智慧微信

作者从在一次台风中不被吹走的蝴蝶谈起，再讲到做人应该懂得坚守自己的原则——“不顺从”，进而谈到《乡村爱情圆舞曲》中小人物宋晓辉，从而论述“不顺从”让人在事业上站稳脚跟。

要想成就人生，就得有自己的坚守。有人说成功靠的是机遇，但是机遇总是垂青那些有准备的人。贝多芬在耳聋之后依然能谱出《命运》这样的英雄篇章，是因为他“扼住了命运的咽喉”，在人面临困难的时候，如果自己不放弃就有解决困难的机会。

（韩建龙）

心灵佳句

原来人生不是没有成功的机会，只是通往成功的大门往往是用挫折打造的，很多人在碰到这扇门后，只感觉到疼痛，因此转身逃得无影无踪，只有聪明人，才会在撞疼之后，不是抱怨和畏惧，而是静下心来从这扇门上研究上帝给予的启示，并因此推开了走向成功的大门。

挫折是一扇门

彭轼然

小时候，他就被认为是个神童。13岁，他就能按照古诗韵律自己用电脑编程序来写诗；15岁，考入复旦大学少年班学习计算机；复旦还没毕业，他又考入了美国佐治亚理工大学；20岁，他就读完了硕士。在读了一段时间的博士后，他觉得学业对他没有挑战，就直接进了全球最大的数据库软件公司——甲骨文公司研发部工作。3年的研发经验让他成为了一个很好的技术人员，但这好像并不是他想要的人生，他常为此而苦恼。

工作的压力让他喜欢上了一种解压方式，那就是旅游。一次，他带着女友回中国旅游，因为没有带向导，他和女友以及另两位喜欢自助游的驴友在原始森林里迷失了方向。眼看天渐渐要黑了，他们着急起来。抬头看天，阴云密布。因道行太浅，他们无法辨识方向。没一会儿，又下起雨来，想烤火吧，没有取火工具，用钻木取火和石头碰撞的方法也不奏效。虽然他把衣服都给女友披上了，但女友还是冻得瑟瑟发抖，他自己也冻得嘴唇发紫。没有食物，连水也很快喝完了，最后他们横着心喝了点冰冷的雨水。更为恐怖的是森林里时常传来的各种不同的野兽的叫声，还有偶尔游过来“嗞啦”“嗞啦”地吐着信子的毒蛇。

这些都还不算什么，天黑了之后，幽幽的峡谷中突然回荡起一阵阵吓人的长嚎，阴森恐怖的声音把密林中的树叶都震得簌簌往下掉。当在森林中迷路的四人反应过来时，才发现前面不远处，集合了一大片黑压压的影子，闪烁着点点绿光，原来竟是一群饿狼！那两个男性驴友顿时吓昏了一个，而他的女友也全身颤抖地抱着他的腿。他强迫自己镇定下来，因为他想起不知在哪本书上看到过，在遇到狼时千万不要跑，你一跑就输了，就等着送入狼口吧。情急之中，他忽然想起身上还带着一个手电筒，他打开手电，猛然把一束强光射了出去，那些野狼竟一阵慌乱，躲闪不及，居然一个个在手电光的威慑之下往后逃了。他赶紧带着女友和那两位驴友跑向一个更安全的地带。

第二天，出了太阳，他们总算是找到了方向，走出了这片恐怖的黑森林。逃出森林之时，那两位驴友连连发誓说，以后再也不玩什么探险自助游了。而他却一言不发，开始沉思。

没多久，30 岁的他从甲骨文公司辞职，创办了一个旅行网，掀起了一场网上订房、订机票的革命，开创了属于自己的事业。而他自己，也早就成了亿万富翁。

他是一个从迷路的历险经历中看到国内旅游信息不畅而发现商机的智者。相信有过迷路经验的人不少，然而除了咒骂和脱险之后的庆幸之外，又有多少人能像他这样竟然从险境中得到启发而创立了辉煌的事业？原来人生不是没有成功的机会，只是通往成功的大门往往是用挫折打造的，很多人在碰到这扇门后，只感觉到疼痛，因此转身逃得无影无踪，只有聪明人，才会在撞疼之后，不是抱怨和畏惧，而是静下心来从这扇门上研究上帝给予的启示，并因此推开了走向成功的大门。

智慧微信

都说失败是成功之母，可又有多少人不是从失败中顺利分娩出成功来，而是胎死腹中。当人们遇到困难阻碍时，本能的反应是躲开。殊不知，逃避并不能解决问题，问题摆在那儿不解决，它始终会困扰着你。

“天将降大任于斯人也，必先苦其心志，劳其筋骨”，在你所经历的挫折和困难达到一定限度时，你离成功也就不远了。但要想成功地完成从量变到质变的飞跃，还需要不同于常人的坚韧和眼光。

（徐影）

心灵佳句

一个真正能称得上聪明的人，并不在于把生活设想得多么美妙，而在于准备了正面迎接挫折的精神状态并善于承受挫折带来的痛苦。

直面挫折

宋守文

在人生的旅途上，挫折常常与你结伴而行。挫折并非一无是处，其本身往往掩藏着变革与机遇。害怕挫折，逃避挫折，结果只能掩盖挫折本身暗藏的光辉。

挫折是一种资本，世界上没有不经过艰苦磨难而成就伟大事业的人。只有经历了失败，才会享受到成功的欢畅；只有经历了苦难，才会领会到幸福的内涵；只有直面命运的残酷，才能铸就人生的辉煌；只有经历了大波大澜、大劫大难、大悲大恸、大羞大辱，才能壮阔、磨砺、洗涤人的心灵。

挫折也有不利的一面，它会造成心理创伤，使人对自己的能力产生怀疑，削弱意志和能力，产生不安、冷漠、退化、攻击的不良反应。因而，挫折可以产生如下行为：

一是改向。在通往目标的道路上遇到挫折时常常采取改变方向的方式。有的人在挫折面前寻找自身的不足，从而挺胸、斗争、崛起，继续前进；有的人冷静地谋划对策，从客观实际出发，变通进取方式，放大回旋竞争的余地；有的从自己的能力和业务专长出发，降低或改变奋斗目标，转换理想方向，使目标与自己受挫折的目标或其他人的目标相区别；有的从另一个方面求得补偿和改善，继续追求自己的事业，这是理智的对抗。

二是自慰。自我容忍，自我安慰，可能认为是“命里注定”“自己倒霉”“只能如此”，就像狐狸吃不到葡萄而说那葡萄是酸的一样，就像阿Q挨了打也高喊姓赵一样，自寻梯子下台阶，自找理由以求心安理得。

三是逃避。弱者在挫折面前叹息发抖，一味地埋怨世事艰难，命运不济，把失败统统归罪于客观、归罪于别人，自我逃脱责任，自暴自弃，形成心理畸形，变得性格怪僻，常以怪态来处事交人。

四是压抑。巨大的挫折，会使人产生焦虑忧郁情绪，对所从事的工作和生活失去信心，因而采取自我加压政策，把受挫折的情感压抑住，使之变成潜意识，但高压一旦失控，就会走向攻击。

五是停滞。不只是对自己失去信心，对别人也失去信心，认为前途缥缈、万事皆空，从而安于现状，惰性缠身，不思进取，停滞不前。

六是反向。采取笑里藏刀政策，越是自己憎恨的人就越是亲近与屈从，背后可能隐藏着怨恨和杀机。

七是倒退。因挫折而别无他计，只剩下牢骚、消极、嫉恨、报复，常采取以牙还牙、以恶抗恶的态度攻击别人。凡是比自己强的人都是攻击的目标，甚至因绝望而犯罪堕落，葬送了自己的前程。

一个真正能称得上聪明的人，并不在于把生活设想得多么美妙，而在于准备了正面迎接挫折的精神状态并善于承受挫折带来的痛苦。这种人，很可能是一个人生步履沉稳、硕果累累、欢乐相伴的人，也只有这种人，才能直面挫折，感受到成功的喜悦。

智慧微信

在狂风面前，大海选择了化痛苦为浪花，才不致自己成为狂风的俘虏；在暴风雨面前，苍鹰选择了化痛苦为磨炼，才不致在风暴中葬送自己；在人生中，我们应当选择怎样去面对困难与挫折，才不致在痛苦中迷失自己？

现实生活中谁都会遇到困难和挫折，就看你能不能战胜它。战胜了，你就是英雄，就是生活的强者。

贝多芬曾经说过：卓越的人的一大优点是，在不利与艰难的遭遇里百折不挠。

苦难对于天才来说是一块垫脚石，对能干的人来说是一笔财富，对弱者来说是一个万丈深渊。

当你愿意直面挫折时，你才会察觉：挫折不过是成长路上的一段段动人的插曲。

（郝艳芬）

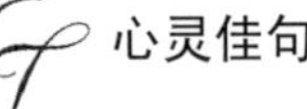

心灵佳句

每个人，都需要铸炼坚毅的品格，锻炼迎难而上的意志。

在人生的紧要关头，训练有素的人，一定时刻做好了与困难做斗争的准备。

人生的紧要关头

古保祥

一个中年司机，开着大巴车，行驶在宽阔的高速公路上。车上坐着一群 13 岁左右的孩子，他们要到异地去旅游，胖胖的司机是他们的老师。

万里无云，芝加哥的空气质量十分好，孩子们高兴地唱着歌，车里尽是欢快的歌声，老师不断地叮嘱他们注意安全。

但危险却发生在瞬间，司机的心脏病突发了。车身剧烈地抖动着，出现了倾斜，孩子们本能地叫了起来，慌作一团。

一个高个子的男生从座位上冲了过来，他以最快的速度到了司机身旁，伸出右手操纵着方向盘，迫使车停到了停车带上，由于操作生疏，车子的前方擦到了栏杆上，发出了巨大的声响。

后面两个男生跑到了司机旁边，一个孩子哆嗦着从老师的口袋里寻找着速效救心丸，另一个孩子拿起了手机报警。

有学生受了伤，头碰到了车窗上，大家把救生包拿了出来，里面有应急药品。

那个高个子的男生顾不得擦汗，招呼着大家安静。

车已经停稳了，高个子男生费力地开了车门，将应急牌拿了出来，放在车的后方。

急救车于5分钟后到达了出事地点，因学生们报案及时，老师得到及时抢救，转危为安。

三天后，老师站在讲台上，向大家问好，许多学生尚未从噩梦中惊醒。

这其实只是一场演习，芝加哥学校每年都会进行这样的演习，演习前并不告诉你要发生什么，主要是对平常学习的紧急脱险知识进行考查。

老师在课堂上认真地总结着这次远行的教训，他肯定了大家优秀的地方，但也提出了不足之处，比如遇事不要大叫，要冷静思考；要避免头部受伤等等。

在美国，逃生演练是必修课程，每学期都要进行无数次模拟演练，这有助于提高年幼的孩子对危险的认识，以及掌握各种逃生的实战经验，如果你成绩不合格，将会被列为不及格生进行补考。

演练十分逼真，事前并不通知大家，惊险而刺激，比如会遇到“歹徒”，或者是发生交通事故，还有可能是高楼发生火灾等等。另外还有针对每个学生的单独练习，放学回家途中发生了人质事件，你该如何应对等等。

一个叫尼康的13岁中学生，遇到歹徒后，勇斗歹徒，用机智与智慧骗取了歹徒的信任，并且于三日内成功自救。这个叫尼康的孩子，被评为“年度最佳机智少年”。

天有不测风云，人有旦夕祸福，在人生的旅途中，每个人都有可能遇到不测。面对危机，是勇敢面对，沉着解决，还是自暴自弃，甚至付出生命的代价，的确是一门值得思考却又无比沉重的课程。

每个人，都需要铸炼坚毅的品格，锻炼迎难而上的意志。在人生的紧要关头，训练有素的人，一定时刻做好了与困难做斗争的准备。对于这些有准备的人，哪怕发生了危险，他们也可以从容不迫、沉着应对。

智慧微信

每个人都会遇到这样或那样的危险，谁也无法预测未来会发生什么，面对危险需要激发内在的智慧。美国的逃生演练课程真实地模拟了现场，教会了孩子如何成功自救。在未来可能的危机来临时，这将不会让人觉得毫无准备、惊慌失措。

人的一生会遇到很多紧要的关头，而且会来得没有任何征兆，如何才不会被打倒？这就需要我们自身强大，经受了火的洗礼，泥巴也会有坚强的体魄。磨炼是人生的宝贵财富，我们应时刻做好准备。

（梁凤美）

我们要盼望一个伟大的事实出现。

在她一个完全、美丽的婴儿出世的盼望中，最锐利、最沉酣的痛感逼成了最锐利、最沉酣的快感……

婴　儿

徐志摩

我们要盼望一个伟大的事实出现,我们要守候一个馨香的婴儿出世:

你看他那母亲在她生产的床上受罪!

她那少妇的安详、柔和、端丽，现在在剧烈的阵痛里变形成不可信的丑恶：你看她那遍体的筋络都在她薄嫩的皮肤底里暴涨着，可怕的青色与紫色，像受惊的水青蛇在田沟里急泅似的，汗珠站在她的前额上像一颗弹的黄豆。她的四肢与身体猛烈的抽搐着，畸屈着，奋挺着，纠旋着，仿佛她垫着的席子是用针尖编成的，仿佛她的帐围是用火焰织成的。

一个安详的、镇定的、端庄的、美丽的少妇，现在在绞痛的惨酷里变形成魔鬼似的可怖：她的眼，一时紧紧的阖着，一时大大的睁着，她那眼，原来像冬夜池潭里反映着的明星，现在吐露着青黄色的凶焰，眼珠像是烧红的炭火，映射出她灵魂最后的奋斗，她的原来朱红色的口唇，现在像是炉底的冷灰，她的口颤着、噘着、扭着，死神的热烈的亲吻不容许她一息的平安，她的发是散披着，横在口边，漫在胸前，像揪乱的麻丝，她的手指间紧抓着几穗拧下来的乱发。

这母亲在她生产的床上受罪，但她还不曾绝望，她的生命挣扎着血与肉与骨与肢体的纤微，在危崖的边沿上，抵抗着、搏斗着死神的逼迫。

她还不曾放手，因为她知道（她的灵魂知道！）这苦痛不是无因的，因为她知道她的胎宫里孕育着一点比她自己更伟大的生命的种子，包涵着一个比一切更永久的婴儿。

因为她知道这苦痛是婴儿要求出世的征候，是种子在泥土里爆裂成美丽的生命的消息，是她完成她自己生命的使命的时机。

因为她知道这忍耐是有结果的，在她剧痛的昏瞀中她仿佛听着上帝准许人间祈祷的声音，她仿佛听着天使们赞美未来的光明的声音。

因此她忍耐着、抵抗着、奋斗着……她抵拼绷断她胴体的纤微，她要赎出在她那胎宫里动荡着的生命，在她一个完全、美丽的婴儿出世的盼望中，最锐利、最沉酣的痛感逼成了最锐利、最沉酣的快感……

智慧微信

十月怀胎，一朝分娩。母亲的伟大，在于孕育生命，产生生命。

一个新生命的诞生，是幸福和痛苦高度凝结的产品。文章围绕婴儿出世、母亲受罪，做了详尽描述。尽管痛苦已极，但是依然坚持努力，就是为了那个盼望的实现。

自然万物，道理都是相同的。任何一点成功，任何一场胜利，任何一个新生事物的诞生，都是要经历付出、努力、苦难和阵痛的。

（心悦）

在人生道路上，我们也会遇到许多风浪，选择逃避，最终只会落个惨败的下场。只有顶风破浪，迎难而上，我们才有机会获得新生。

最安全的地方，往往隐藏在最危险的地方背后，我们冲破风险，就会找到生命中可以憩息的港湾。

逆流而上

马敬福

暴风雨中，河水暴涨，巨浪滔天，堤坝随时都可能被冲垮，泥石流随时都可能暴发。河里的居民们乱作一团，纷纷逃命。

水蛇大声叫喊着："弟兄们，快顺流而下，下游水浅浪小，那里会安全些！"大鲤一跃跳出水面："不，不要顺流而下，快随我逆流而上，到上游去！"水蛇瞪起了大眼睛："你疯了吗？上游风大浪急水深，又是泥石流的发源地，难道你想去找死吗？不要听他的，想活命的跟我走！"水蛇说着，带头冲进浪里，随波逐流，向下游而去。其他水蛇一看，也随着他卷进浪里，乘着波浪去了。

而大鲤却坚持要逆流而上，他顶风破浪第一个冲进急流。其他一些鱼儿一看，也都跟在了大鲤后面。他们虽然知道逆流而上的危险，但他们相信大鲤，知道跟着他没有错。

那是一条很长的河流，浪涛又很急，鱼儿们游了一会儿，就有一多半嚷嚷起来："大鲤，我们到底要到哪里去呀？逆流而上好像根本没有我们的安身之所，我们还是回去追水蛇他们吧。"大鲤说："大家千万不要退缩，我们的安身之处就是逆流的尽头，等我们游到风平浪静的地方，我们就安全了。"鱼儿们问："那里还有多远哪？"大鲤摇头："我也不知道，只要我们面前还有风浪，我们就得拼命地往前游。"鱼儿们心灰意冷了，有的掉头顺流而下，去追水蛇，有的游向岸边，找个无风无浪的地方躲避起来，只有大鲤带着几个兄弟姐妹继续劈波斩浪。

游了两天两夜，大鲤他们历经磨难，终于游到了那条河的源头。那是地处高山之巅的一条浅溪，溪水清澈见底，水草葱葱郁郁。大鲤拖着疲惫的身子靠到溪边，说："兄弟姐妹们，我们到家了，这里就是最安全的地方，我们可以安心地在这里休息。"小鲤们不禁问："你怎么知道这里最安全？"大鲤说："这里是河的源头，也是最高处，水往低处流，越流浪越急，越流水越大，而这里始终是风平浪静的，不会有危险，我们从下游逆流而上，顶风破浪只是辛苦一些，不会有生命危险，只要我们咬牙坚持，来到这里就再没有后顾之忧了，如果我们顺流而下，会一直被巨浪追赶，泥石流再卷入水中，我们就会丧命了，所以我坚持要逆流而上，直到这里才罢休。"小鲤们点点头，全都开心地笑了。

大鲤和他的兄弟姐妹们在那条河的源头过上了幸福快乐的生活，而顺流而下的水蛇和那些半途而废的鱼儿们，被波浪打得狼狈不堪，他们想在下游找个安全的地方歇脚，可下游早已成了一片泽国，哪里还有安全的地方？泥石流随后而来，可怜的水蛇和筋疲力尽的鱼儿们都葬身泥沙之中。

在人生道路上，我们也会遇到许多风浪，选择逃避，最终只会落个惨败的下场。只有顶风破浪，迎难而上，我们才有机会获得新生。最安全的地方，往往隐藏在最危险的地方背后，我们冲破风险，就会找到生命中可以憩息的港湾。

智慧微信

逆流而上，如同遇困难不退缩，勇敢面对。解决问题最好的方法不是逃避，而是迎难而上。不管别人理解不理解，认同不认同，只要认定了正确的方向，就应该坚持下去。

最危险的地方背后可能就隐藏着最安全的避难所，只有我们看到事情的本质，才能找到最理想的栖息地。也许我们现在身处危险的境地，但无论如何我们都不能退缩，畏畏缩缩是注定要失败的。所有的获得，都需要付出一定的努力，与同伴一起加油、努力吧。

（李娜）

心灵佳句

而这个寻找的过程，必须完成穿越，没有穿越，就没有发现。

我们必须回到旧的秦人古洞前，虔诚地弯下腰去。

穿越什么洞才能抵达世外桃源？

周碧华

人们提及桃花源，眼前便是漫山遍野的灼灼桃花，直把一瓣瓣桃花当作了桃花源的符号。

其实这是一个天大的误会，我们手持一瓣桃花，很容易被其迷惑，从而失去寻找桃花源的正确路径。桃花如同美人，命比纸薄，每年三月底四月初，她们如期绽放，很夸张地笑着，知道消费春光的日子很短暂。一阵春雨，或一阵寒风，遍地落红，那场景告诉你什么叫凄艳。

短命的桃花随雨打风吹去，空留下一片片桃林，一年四季里，那些其貌不扬的桃林怎么也难称风景。于是，很多人印象里的桃花源只属于春天，在桃花盛开之后的日子里，人们便淡忘了桃花源——原来，我们跟着桃花行走，却弄丢了桃花源。

寻找真正的桃花源，我们必须穿越秦人古洞。

我永远也无法忘记第一次穿越秦人古洞时的感觉。那是 20 世纪 80 年代初，桃花源尚未开发，就像被遗弃的妇人，牌坊彩漆剥落，到处杂草丛生。沿着布满青苔的石径前行，空气中似乎含有古代文人的墨香。我知道，我踏过的石阶，王维踏过，袁宏道也踩过，山坡上密集的草木记录了一个个朝代的身影。山中满是溪水的奔跑声和鸟语，那时的桃花源是生动的、神秘的、古意盎然的。

向导告诉我，要穿越秦人古洞了。我和我的朋友们便激动起来，啊，马上要看到世外桃源了！后来我才知道，其实我们可以一直沿着石阶往前走，但在当时，我们的心中只存有一个念想，那就是穿越秦人古洞，我们深信，穿越之后，那便是另一个世界，那里有良田美池桑竹，那里有怡然自乐的秦人。顺着向导手指的方向，只见秦人古洞洞口不及人高，被藤蔓掩映着，洞口边的石壁上刻着几个苍黯的字，刘禹锡说“洞门苍黑烟雾生”，看来很写实。洞口下是一汪绿得发暗的深潭，我们向洞口靠近时，还有湿漉漉的铁链保护着。这更加让人相信，这是一个古洞，这是秦人当年侥幸躲避乱世的通道。

我们低头弯腰进入黑暗的洞内时，兴奋、紧张、向往，各种复杂的情绪一齐涌上心头。我们不知这洞有多长，前面是否有危险存在，只能互相提醒着，以手触着前面一个人的身体摸索前行。本来是夏天，洞内却寒气逼人，那股特殊的气味，我疑心是秦人的衣袂残留下来的。这个时候战胜恐惧的唯一办法，就是想象即将呈现出的世外桃源美景，虽然秦人早已作古，但他们留下的村庄是什么样？他们使用过的犁铧还依然闪亮么？就在大家的心悬着的时候，前面突然出现亮光，向导说，快到洞口了。我们一阵欢呼，不由得联想起“山有小口，仿佛若有光”的句子来。等到钻出洞口，确有“豁然开朗”之感，虽不见屋舍俨然，但恍若隔世，要不是 20 世纪的阳光透过树隙照射到农田刚割的稻茬上，我们还真以为能遇到黄发垂髫的秦人，甚至被他们热情地“便要还家”，吃桃源鸡，喝桃源米酒。

遗憾的是，那种感觉永远地停留在那一天那一刻了。景区后来开发时，新拓了一个洞，游人可以昂首挺胸地行走，没有了那种神秘感，没有了那种古意，人们省略了想象与期盼，当然也就无法收获经历过黑暗忽逢光明的喜悦。

其实，桃花源的精髓便是秦人古洞，而不是易凋的桃花。一个秦人古洞，隔开两个世界，洞外是喧嚣的红尘，穿越古洞后是世外桃源，那里民风淳朴，那里是“春蚕收长丝，秋熟靡王税”的理想社会。陶渊明呕心沥血地创作《桃花源记》，并没有教导我们如何种植桃花，而是指引我们如何寻找。而这个寻找的过程，必须完成穿越，没有穿越，就没有发现。

秦人古洞便是我们抵达那个“理想社会”的唯一路径，任谁堆砌再多的时尚景点，也无法拯救陶渊明笔下的桃花源了。我们必须回到旧的秦人古洞前，虔诚地弯下腰去。

智慧微信

理想是美好的，实现理想的过程是艰辛的，只有经历了艰辛，才能尽情享受美好。开发前后的“秦人古洞”就像一面镜子，折射出我们现代人思想、行为等的急功近利。

其实，要想真正享受成功，体验快乐，就要付出汗水。俗话说：天下没有免费的午餐。这话儿一点没错，否则这“免费的午餐”定会是“问题午餐”，吃到嘴里也难以下咽。

所以，我们要想成功就必须俯下身子、脚踏实地地奋斗，最终实现的成功才是最有感觉的。

（孟庆刚）

心灵佳句

正因为他完全摒弃了“要是那样的话”“做不到”或“不可能”之类的话，所以才能成为杰出的棒球选手，名扬世界。

驱走不幸的力量

[美国] 罗曼·皮尔　飞雪（编译）

棒球联盟最佳投手摩德凯·勃朗从小就决心要成为棒球联盟的投手，他在少年时就表现出了与众不同的才能。他的父母非常穷，他和当时所有的孩子一样，也在农场工作来补贴家用。

有一天，他的手被机器夹住，他因此失去了右手食指的大部分，中指也受了重伤。

如果是一个消极的人，一定会悲观地认为：“我当投手的希望完全破灭了。要是没有发生那件事就好了。手变成这样，再也不能投球了。”可是这位少年却不这么想也没这样说。他接受了这个不幸的事实，并尽自己最大的努力学会用剩余的手指投球，终于成为地方球队的三垒手。

有一天，摩德凯从三垒传球到一垒，球队经理刚好站在一垒的正后方，看到旋转的快速球画着美妙的曲线进入一垒手的手套里，他不禁惊叹道：“摩德凯是天生的好投手。球控制得好，球速也快。那种会旋转的球，任何击球手都会挥棒落空。”

摩德凯投的球速度快又有角度，上下飘忽，然后进入捕手手套的中央，击打者都束手无策。他将击球手一个个三振出局。他的三振纪录和成功投球的次数都很了不起，不久便成为美国棒球界最佳投手之一。

正是受伤的手指，也就是变短的食指和扭曲的中指，使球产生了如此与众不同的角度和旋转。

那么，少年摩德凯是如何把不幸变成对自己事业有益的因素的呢？

他在信仰虔诚的家庭长大，从小就朴实地相信发挥自己的力量能完成任何事情，正是他积极的人生态度才促使他发挥出了令人难以置信的力量，解决了人生中几乎不可能解决的困难问题。也正因为他完全摒弃了“要是那样的话”“做不到”或“不可能”之类的话，所以才能成为杰出的棒球选手，名扬世界。

也许你会说：“我不是超人，遇到他这样的不幸，我是没办法重新站起来的。”但是，要知道，在摩德凯的手受伤时，他也绝不是个超人。

任何人身体里都潜藏着比自己所知的更巨大的能量，要坚信通过努力，释放这巨大的能量，能改变人的一生。

智慧微信

请坚定地相信发挥自己的力量能完成任何事情吧。

有积极的态度才能发挥难以置信的力量，解决不可能解决的困难问题。养成积极思考的习惯，想不成功恐怕也很难。当然，这是对自己能力的一种肯定，这是自信之人对自己坚持不懈的鞭策与鼓励。任何事情都有两面性，成功与失败在你转念间会发生变化，上帝向你紧锁一扇门的时候谨记他一定会对你敞开另一扇门。

请从现在开始，坚定不移地去努力吧，再不要犹豫彷徨了。

（文科）

第三辑

·该出手时就出手

千里之行，始于足下。做永远比说更有价值和意义，不仅要敢想而且要敢付诸实践，尝试了就有可能成功。如果你想学美术，想学舞蹈，想学古筝等，不要考虑实施起来会遇到的难处，赶快行动吧！也许数年之后你就是一位艺术家。假如不行动，恭喜你，数年之后你还是一位空想家，连成功的机会也没有，只能在年老时坐在摇椅上回顾往事，黯然神伤罢了。

心灵佳句

很多时候，我们与成功擦肩而过并非因为我们能力不足，而是由于我们缺乏大胆的想象和挑战困难的勇气。其实只要你敢想敢做，成功并没有你想象的那么难。

海拔 3000 米的悬崖酒店

张 鹰

吉利是意大利北部维琴察市的一名高级建筑工程师，尽管拿着令许多人羡慕的高薪，可是，他渐渐厌倦了朝九晚五的工作，很想利用自身的特长闯出一片属于自己的天地。

2012 年 7 月，身为意大利登山俱乐部会员的吉利和其他队友一起攀登位于意大利与法国之间的一座雪山。当天傍晚，他们实在太累了，就在一处悬崖附近宿营。坐在悬崖边上，阿尔卑斯山脉绝美的风景映入吉利的眼帘：夕阳染红了天空，一座座雪山显得庄严而肃穆，群山之间云雾缭绕，犹如人间仙境一般。

吉利不无遗憾地想：要是好友阿尔伯特在身旁就好了——2009 年圣诞节，阿尔伯特与他的两位同学攀登这座雪山，抵达这处悬崖后，突然遭遇特大暴风雪。当救援人员乘直升机赶到时，三人全部冻死了。

面对着无比美丽的景色，回想着阿尔伯特的遭遇，吉利的脑海中突然萌生了一个大胆的想法：在悬崖上建造一座专门服务于登山者的酒店，不仅使入住者免遭极端天气的伤害，还可以欣赏雪山独特的风景。可当他将自己的这一想法告诉一旁的队友后，那位队友不屑一顾地说："你的想法听起来就像天方夜谭，要知道我们现在所在的地方海拔有 3000 米，工人们如何在这么高的地方施工呢？"吉利微笑着说："只要想做，办法总会有的。"

登山活动结束后，吉利辞去了工作，花费 1 个多月时间，精心设计出悬崖酒店的建筑结构并制定出可行的施工方案。为了挽救受困于暴风雪中的登山者的生命，他选用了能够抵御极端低温的高标准建材。在开工建设时，工人们事先在岩石上打上了多个重型螺栓以固定"地基"，然后用直升机多次往返将组件逐一运到山上安装。

悬崖酒店有一半悬空，距离崖底的岩石有 400 米，尽管总面积仅仅 9.3 平方米，里面的生活设施可真不少：不仅设有卧室、厨房、观景厅等房间，还配有双层木床、物品架、衣柜等家具，甚至配备了用于获知天气状况的卫星网络设备以及用于获取淡水的雪水净化装置。

登山者若想下榻这家酒店须提前在网络上预定，交纳每晚 60 欧元的住宿费。开业后，吉利邀请意大利登山俱乐部的一些会员进行免费体验，电视台对此项活动进行了报道，悬崖酒店很快就火了。登山爱好者纷纷前来入住，由于悬崖酒店最多只可同时容纳 12 个人入住，所以很多人不得不排队等候。

把酒店建在悬崖上，听起来太不可思议，但吉利确确实实做到了。很多时候，我们与成功擦肩而过并非因为我们能力不足，而是由于我们缺乏大胆的想象和挑战困难的勇气。其实只要你敢想敢做，成功并没有你想象的那么难。

智慧微信

建造一座海拔3000米的悬崖酒店，这样的想法是不可思议的，而让这一想法成为现实更是令人难以置信。敢想敢做不代表一定能成功，但是连想都不敢想，做都不敢做的人，肯定是不会成功的。人们总是行走在成功的边缘，有的人大胆假设，小心求证，用坚持和勇气去探索去实现那看起来不可思议的事情，最后终于抵达成功。而有的人却墨守成规，做事情畏首畏尾，不敢越雷池一步，终究抓不住通往成功的引线，碌碌无为，甚至于跌落失败的深渊。请记住，勇于创新，勇于尝试，往往是通往成功的前提。

（余姗）

心灵佳句

我承认，我是有过棱角的。青春年少时，我曾经将“宁鸣而死，不默而生”奉为座右铭。在岁月的河床里，我的尖锐棱角，在刺疼世界的同时，也弄疼了我自己。

沉默与呐喊

顾亚红

我承认，我是有过棱角的。青春年少时，我曾经将“宁鸣而死，不默而生”奉为座右铭。在岁月的河床里，我的尖锐棱角，在刺疼世界的同时，也弄疼了我自己。

女儿王小棉是我青春的再版。我发现，很多时候，我甚至得仰视王小棉。

那天，我带王小棉去逛商场。恰逢商场店庆，全场商品对折销售。几乎每个收银台前，都排着长队。为节省时间，我让王小棉在收银台前排队，我选购商品。当我终于拿着一叠发票赶往王小棉排队的收银台时，我发现王小棉同学，竟然正在跟一个中年眼镜男大声理论。

“你一个大人，怎么能带头插队？”

“你个小姑娘凶什么凶！你看到我插队了？”

“当然！排在我前面的是那个阿姨！请问你不是插队的话，你是如何空降到我前面的？”

“去去去，又不是我一个人在插队，你管得过来吗！”

“又不是你一个人在插队？请问，这个队伍里，除了你，还有谁插队了？即使有，我们要做的，是纠错而不是跟着去犯同样的错！”

“哟，小姑娘，你也有点太不自量力了吧？你以为你一个人振臂一呼就能改变得了社会风气？真是螳臂当车！”

“是！改变社会风气，我个人的力量确实是薄弱的。可是，破坏社会风气，你，个人的破坏力，却是可怕的！”

“你再乱说，我对你不客气了！”

我赶紧三下两下付完款，回头怒扫眼镜男一眼：“你插队还有理了？你倒是动手试试？”

我一把将王小棉拉出漩涡的中心，边走边斥责道：“那么多大人都不说话，你一个小孩子家，逞什么能？”

王小棉愤怒地甩掉我的手：“妈，你这样说太让我失望了！从小你就教育我要做一个善良和正直的人，可是，真正遇到这种社会不良现象的时候，你却要求我噤声！”

我也有些恼火了：“妈不是担心你这样做可能会给自己带来麻烦嘛！要是碰上个犯浑的，真动手打了你怎么办？凡事要多思前想后，尤其是要考虑到可能会出现的不良后果！”

王小棉站定了，用一种打量陌生人的眼光怪怪地看着我：“妈，你可真马丁！”一头钻进拥挤的人群，消失了。

马丁的故事，我自然是知道的。这位德国新教牧师留下的那首发人深省的短诗我曾不止一次地给王小棉也给我的学生们讲过：“在德国，起初他们追杀共产主义者，我保持沉默——因为我不是共产主义者；接着他们追杀犹太人，我保持沉默——因为我不是犹太人；后来他们追杀工会成员，我保持沉默——因为我不是工会成员；此后他们追杀天主教徒，我保持沉默——因为我是新教教徒；最后他们奔我而来，却再也没有人站出来为我说话了。”

回到家，有好多天，王小棉对我的态度都是冷冷的。是呀，在她青春年少、清澈透明的世界里，怎么能容得下成人世界里的那些类似于“生活把我们磨成沉默的鹅卵石，是为了让我们滚得更远”这样通行无阻的处世哲学？

我决定和王小棉好好谈谈。

机会很快就来了。王小棉他们班要开家长会了，班主任要求家长针对孩子最近的思想动态，写一封信给孩子。

我以《一个“马丁妈妈”的内心独白》为题，给王小棉洋洋洒洒写了一封信，要点有：“马丁妈妈”非常欣赏王小棉的正直与正义；“马丁妈妈”希望王小棉在见义勇为的同时，更要注重方法与技巧，做到见义智为；“马丁妈妈”会向王小棉学习，在不该沉默的时候，努力呐喊，因为从王小棉身上，“马丁妈妈”悟出了一个道理：做一块鹅卵石，固然处处圆通，可是，却也不得不任人拿捏，因为它没了自己的棱角！

几天后，我和她爸送王小棉上学，在距离学校大约500米的地方堵了车。我和王小棉只好下车步行。就在我们打开车门的时候，只听一个骑着电瓶车的中年女人骂骂咧咧地道：“素质太低了！怎么随便停车下车？”

我把书包交给王小棉，尔后，朝着那张出言不逊的面孔欠了一下身：“对不起，耽搁了您这位素质高的女士几秒钟了！”

王小棉在我脸上啵了一下，说：“妈妈你真的不马丁了！你太棒了！”

那个瞬间，我从路边车子的后视镜里发现，在风中站立着的我，和亲爱的王小棉同学一样，青春勃发。

智慧微信

明哲保身，这在中国人的文化里太常见了。但一边抱怨着社会上种种不文明的现象，一边却对这些不文明的现象无原则地容忍，这也是大家都熟悉的现象。

好在一切都在改变中，尤其是正在成长的年轻人，他们不仅能认识到这些不文明的现象，还能当仁不让，对这些现象说“不”。文中的“王小棉”就是这样，她敢于“管闲事”，不惧危险，与破坏规则的插队者据理力争，让世故的大人们都汗颜。

只是一个难题出现了：做父母的怎么办？支持、鼓励？让孩子以身犯险？还是把明哲保身的这一庸俗之道逐渐再灌输到他们头上？

用“文明”的方式激发破坏规则者的善和羞耻心，文中王小棉的母亲最后用她自己的方式选择了支持和鼓励。

（文科）

心灵佳句

在任何时候都不要给别人留下作恶的破窗，窗户破了要及时修好，亡羊补牢为时未晚。

林冲的破窗效应

刘志军

在《水浒传》里，林冲是一个十足的悲剧式人物，他的一生莫名其妙地受到各式人物的欺凌和羞辱，不仅是有权有势的，如高衙内、高俅之流可以强占其妻、剥夺其功名权利，就连董超、薛霸这样看押囚犯的小人物也可以随意地摧残其肉体、践踏其尊严。身为八十万禁军教头的林冲空有一身好武艺，面对压迫却不反抗，他就这么默默地承受着别人给他带来的灾害，这不能不叫人深思。

其实，林冲受到如此多的欺凌归根结底是破窗效应在作怪。破窗效应就是，当一个房子的玻璃破掉后如果不及时修理，其他的玻璃也会莫名其妙地被打碎。反映在人生方面就是人格尊严，一个人的人格尊严一旦遭遇破窗效应而不及时修复的话，那么后果将非常严重。

林冲人格破窗的起因是林娘子遭遇高衙内调戏，而林冲得知调戏他妻子的是顶头上司高俅的干儿子时，竟然当了缩头乌龟，不仅没有教训恶少高衙内，而且还劝说前来帮忙的鲁智深，多一事不如少一事。一顶大大的绿帽子戴在头上林冲都忍了，别人还有什么好说的呢。但让林冲万万没有想到的是，就是因为他没有及时修复这一扇被高衙内打破的人格破窗，才导致他一步步走向悲剧的命运。

陆谦本来是有些怕林冲的，技不如人嘛，可他看到林冲的破窗后却忍不住给高衙内献计强占林娘子。高俅其实挺看重林冲的，但他看到林冲的破窗后却设计陷害他，使之误入白虎堂，定成重罪，发配沧州。董超、薛霸内心里十分害怕林冲的一身本领，可他们看到林冲的破窗后，对林冲百般折磨，还差点儿害了林冲的性命。及至被逼上梁山，林冲都没能逃脱破窗效应给他带来的灾难。白衣秀士王伦明知林冲为人正直，却刁难他献投名状；宋江明知他和高俅有血海深仇，却不顾他的反对下令放走了高俅。因为他们都看到了林冲的人格破窗，都知道林冲不会反抗，只会隐忍。

高衙内调戏林娘子是林冲人生路上的一个巨大的破窗，他没能及时地把这扇破碎的窗户修好，以至于每个人看到后都想把这扇窗户打得更碎，甚至他们认为这是一件理所当然的事，所以他们做这些事的时候都毫无羞愧感。

所以，在任何时候都不要给别人留下作恶的破窗，窗户破了要及时修好，亡羊补牢为时未晚。林冲就是一个血的教训。

智慧微信

“亡羊补牢，为时未晚”这句话说得很深刻，需要我们细细地去品味。当老一辈人年轻的时候，东西坏了是可以修的，但到了现在，人们的东西坏了就想要扔掉或者换成新的。

其实，我们不能想着一步错步步错，然后就抱着一种破罐子破摔的心态继续下去，我们要知道自己哪里做得并不够好或者什么原因让我们变得不如从前，只有找出问题的根源，我们才能挽救那些坏了的东西，甚至不争气的自己。不管在什么样的情况下，都不可以放弃自己。试想一下，连你自己都放弃自己了，别人凭什么还要对你抱有一丝期望呢？

（马悦）

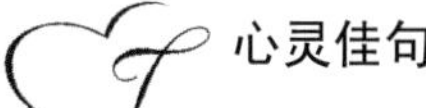

心灵佳句

在灰蒙蒙的蓝天下，年轻人像标枪一样挺直了背，目光也无比坚定起来。

大的困难，险的道路，往往意味着更大的机会。正如古人所云，行之愈险远，则风景愈奇。至平至坦之途，机会鲜矣。

沙漠不够宽

朱国勇

到了江南，走在徽州，就会发现，那些山水草木，那些粉墙飞檐，那些衣衫灰白银发飘飞的老人，都是有故事的。他们目光沉静，斜倚着小桥流水，但是透过目光，却能看到历史滚滚的烟尘，领略到人生的真谛。

今年五月，在徽州的古石桥边，一个两鬓斑斑笑容浅淡的老人给我讲了这样一个故事：

清朝时，一位老人，带着自己的儿子，渡长江，跨黄河，穿陕甘，把货物卖到新疆和西藏。在穿越塔克拉玛干沙漠时，风尘仆仆一路劳顿的年轻人不由抱怨："这沙漠实在太辽阔了！要是狭小点就好了。"老人抽了一口旱烟，再悠悠地吐出烟圈说："不，孩子，这沙漠还不够宽！要是再广阔一些就好了。"年轻人听了，一脸的疑惑。

"如果这沙漠再宽广一倍，那么，来这里经商的人十成中至多只剩下一成。这样，我们的利润就能翻上几番。"

沙漠的风，干燥而凛冽，刮在脸上像小刀子在割一般。但是，年轻人的心却忽然亮堂了。在灰蒙蒙的蓝天下，年轻人像标枪一样挺直了背，目光也无比坚定起来。

43年后，这个年轻人的名字传遍了天下。他叫胡雪岩。

"商不畏险"说的就是这个道理。

这个故事，我写在了一个随笔中，几天后，发表在了《黄山日报》上。一周后的一个晚上，一位40多岁的店主捧着厚厚一卷《汪氏族谱》特地找到了我。抚着枯黄斑驳的族谱，憨厚的店主又给我讲了这样一个故事：

古徽州，三山六水一分田。普通人家那点田产，是无法保障一家衣食的。为了生活，一般情况下长子继承家里的田产房屋，其余的儿子，只好出外行商，以谋生计。有汪氏两兄弟，老大留守家园，老二贩卖茶叶行走四方。过年的时候，两兄弟又聚到了一起。老大看着又黑又瘦的弟弟，心疼地叹息着："要是家里的田产再多一点，你就用不着四处奔波了。"弟弟却微笑着摇摇头："家里的田产要是再少一点就好了。"

看着大哥疑惑的目光，弟弟接着说："这样，大哥就不得不跟我一起经商了。每次采购茶叶，为了防止伙计从中获利，都要派出两个以上的伙计。有大哥在，你一个人去就行了，多省人力啊！"

老大听了，觉得有理，过完年，就将田产变卖，跟着弟弟经商去了。两兄弟，一个负责山区采购，一个在城里茶庄当掌柜，配合默契。没几年，就富甲一方。

衣锦还乡的两兄弟在徽州建了一座汪氏族人聚居的村落，这就是我们今天看到的宏村。

窗外的霓虹灯闪烁一片，整个城市笼罩在一片橘黄的光晕之中。故事说完了，店主满怀期待地看着我：“这是我先祖的真实故事，你能把这个也写出来登在报纸上吗？”我微笑着点了点头。

两则故事，异曲同工。“徽商”之名播于四方，果然名不虚传、智慧惊人。当别人看到困难时，徽商看到的却是商机。

大的困难，险的道路，往往意味着更大的机会。正如古人所云，行之愈险远，则风景愈奇。至平至坦之途，机会鲜矣。

智慧微信

两个鞋商到非洲考察市场，一个很悲观地说：“哎！非洲人都还没有穿鞋的习惯。”另一个则乐观地说：“好，非洲人都还没有穿鞋！”这个故事我们大都耳熟能详，但是我们是否在一笑过后，严肃地思考过：我们是哪一类商人呢？古人有破釜沉舟的气概，因为只有将自己陷入绝境才容易激发拼搏的激情。我们现代人，是否继承了他们这种置之死地而后生的精神呢？一位著名的经济学家说：温饱是最容易腐蚀人的斗志的，所以中国达到小康水平之后，再往前发展阻力就会很大。希望我们不要成为享乐的一代，我们的眼光要远，心胸要大。

（靳志刚）

心灵佳句

敢于冒风险，有可能得不到成功，但是如果不冒任何风险，则一定不会成功。

人生中，什么风险都不敢冒，便是最大的风险。

没有不冒风险的成功

沈岳明

有两个美国青年，一个叫曼狄诺，一个叫克里斯。曼狄诺是一个敢于冒风险的人，而克里斯则是一个保守的人。

一天，曼狄诺找到克里斯，说因为自己的资金不够，想跟他合伙养几百只鸡，开一个养鸡场。克里斯问："有风险吗？"曼狄诺说："当然有风险，成功率大约是百分之五十吧。"

克里斯一听，连连摇头，说："只有百分之五十的成功率，这么大的风险你也敢冒？我劝你，要么放弃这个计划，要么你一个人养，我是不会冒这么大风险，去跟你瞎折腾的。"

由于资金有限，曼狄诺只得缩小了规模，他只购买了 100 只小鸡崽。克里斯见了，一个劲地摇头，说："才百分之五十的成功率，也就是说，你刚捉回来的 100 只鸡，就只能算 50 只了，这个风险冒得也太大了！"

几个月后，曼狄诺的鸡果然只剩下大约 50 只了。克里斯心痛不已，说："幸好我没跟你合作，不然，我也会跟着一起亏的。"没想到，曼狄诺却毫不在乎，说："你难道没有发现，我那 50 只鸡马上就要下蛋了吗？"

一年后，曼狄诺靠卖鸡蛋，不但收回了成本，还赚了一笔。于是，曼狄诺再次找到克里斯，想请他合伙投资，扩大养鸡场的规模。克里斯听说他竟然要购买 1000 只鸡时，赶紧问："有风险吗？"曼狄诺说："投资哪有不担风险的？"克里斯再问："那么，风险有多大呢？"曼狄诺说："因为我已经有了一些养殖经验，所以成功率已经提高了不少，但仍然只有百分之八十的成功率。"

克里斯一听，还是连连摇头，说："我明白你的意思了，如果购买 1000 只鸡的话，大约会损失 200 只鸡，这个风险依然很大啊，我可不敢冒这么大的风险。"

曼狄诺这次果然又损失了 200 只鸡，但他却因此获得了 800 只能下蛋的鸡，加上以前的那 50 只，总共就是 850 只鸡。

后来，曼狄诺的养鸡场越开越大，而他面临的风险也越来越大，一次次吓得克里斯摇头不已。同时，也正是因为曼狄诺所冒的风险越大，他的收益也越来越大，他终于实现了自己的理想，成了一位"养鸡大王"。再看克里斯，依然还在为了一个不冒风险的项目，而在努力地寻找着。

敢于冒风险，有可能得不到成功，但是如果不冒任何风险，则一定不会成功。人生中，什么风险都不敢冒，便是最大的风险。

智慧微信

人生的成功是要冒一定的风险的。凡是小成功者是要冒小风险的，大成功者必定是要冒大风险的，换句话说，成功与风险是成正比的。正如本篇文章的主人公曼狄诺和克里斯一样，前者敢于面对风险，最终实现了自己的理想；后者在面对风险的时候一味地选择退缩，其结局可想而知，只会一次次地与成功擦肩而过，只能一次次地羡慕着别人的成功，自己独自懊恼后悔。在面对生活中的风险时必须要有胆量，否则，即使最好的机会已经到来，由于不敢去尝试，只有失败的顾虑，也会失去成功的机会。

（姜幼君）

心灵佳句

这就好比花草，虽然形态各异，但各有各的美丽动人之处。

让我懂得不要用外表去衡量一个人，而是学会用欣赏的眼睛，去发现他人内心绝美的风景。

欣赏是一道绝美的风景

顾晓蕊

初春的一天，我沿着河堤散步，两岸的花儿开了，粉粉白白的煞是好看。忽然被一块石头绊住，我低头看去，石缝里绽出一朵小花。它随风摇曳，清淡出尘，我不由想起一张熟悉的面孔。

她是我的高中同学胡梦蝶，名字富有诗意的她，偏偏长得又黑又胖，衣着也显得十分土气。我们来自同一座小城，住在上下铺，因而，她常凑到我跟前说话。她爱说爱笑，声音响亮，我却不屑与她深交，只淡淡地应着。

那年放寒假，恰好赶上春节临近，我为回家的车票发愁，梦蝶说："别担心，有我呢。"她半夜起床去车站排队，冻得两颊酡红，终于买到了两张硬座票。我们好不容易挤上车，放置好行李后坐下来，车缓缓开动了。

我掏出席慕蓉的诗集，正要翻看，却听到带着哨音的呼噜声。循声望去，只见过道另一边坐着四个人，看打扮是返家的农民工。他们相互靠着睡着了，嘴角边淌着口水，样子看上去有些滑稽。

这时，车厢里走来一胖一瘦两男子，他们四下张望了一会儿，蹭到农民工的身边。

随后意想不到的事情发生了，瘦子将手伸进农民工衣兜里……胖子站旁边打掩护，他手背上刺着青龙，眼里闪着异样的凶光。

我吓得心中一紧，赶紧扭过头来，故作镇定地望向别处。周围的人估计也看到了这一幕，大家都默不做声，空气中有一种让人窒息的沉默。

抬头，见梦蝶侧身望着对面，眉头紧锁，两只手攥得紧紧的。我心想，她会大声喊“抓小偷”吗？别天真了，他们身上可能藏有凶器呢。

小偷手法娴熟地四下摸着，得手后朝后面的车厢走去。梦蝶看到了事件的全过程，并没有吱声。我松了口气，想，以为她有多勇敢，原来不过是看热闹，害我白担心了一场。

我正兀自想着，梦蝶“噌”的一声站起来，快速向前面的车厢跑去。不一会儿，她领着两位乘警走过来，推醒了仍在酣睡的农民工。

几个睡眼惺忪的男人，先是惊讶犹疑地摸了摸身上，随即脸因痛苦而扭曲着。其中一人带着哭腔喊：“天哪，这可怎么办，一年的工资就这么没了。”

他这么一喊，另外仨人也慌了神，声音颤抖地说：“警察同志……可要帮帮俺呀，都怨俺们睡得太死了。”梦蝶接过话说：“我记得小偷的相貌，趁现在他们没走远，赶紧把钱追回来。”

梦蝶和乘警一起，朝小偷离去的方向追去。很快，经过她的指认，乘警将在另一车厢继续作案的小偷抓获，丢失的现金被如数追回。

“谢谢小妹妹……你可帮了大忙了。”几位农民工像遇到救星般连声道谢，每人掏出 1 张百元钞票，硬往梦蝶手里塞，“小妹妹，钱不多，是俺们的心意，你就收下吧。”

这一切是我始料未及的，更意外的是面对这 400 元钱，梦蝶微笑着拒绝了。要知道，对家境贫寒的梦蝶来说，那可是她几个月的生活费。梦蝶回到座位上，一脸的淡然与平静，仿佛刚才惊险的一幕，不过是件平常的小事。

到家后，讲起列车上的遭遇，我心有余悸地说：“看她平时那么笨拙，遇事还挺机灵的呢。”

“我倒认为她是善良、机敏、正直的女孩，不要随意嘲笑同学，要多看别人的优点。”正在莳弄花草的父亲说，“这就好比花草，虽然形态各异，但各有各的美丽动人之处。”听了这话，我的脸蓦地红了。

这件事已过去多年，却总在不经意间浮现脑海。它提醒我戒除娇气，去掉浮躁，常怀谦恭之心，让我懂得不要用外表去衡量一个人，而是学会用欣赏的眼睛，去发现他人内心绝美的风景。

智慧微信

以貌取人，这是判断一个人最要不得的心态和方式。都说“画虎画皮难画骨，知人知面不知心”，这句话将意思反过来也同样十分适用。一个人或许其貌不扬，但是只要你用心与他相处，平等对待他，你同样可以发现他身上的闪光点。

在与他人相处时，不要将自己摆在一个骄人的位置，高高在上地俯视他人，认为别人都比不上自己。而应该将自己的姿态放得低一点，怀着谦恭之心，发现别人的优点，弥补自己的不足。只要你留心去看，总会发现一些被你忽视的美好。

平等而谦虚地看待身边的每一个不起眼的人，不经意间，你可能会发现他们人性中深藏着的美好。

（钱雯雯）

第四辑

·小步亦可跨千里

人类的发展和社会的进步，在一件微不足道的事件中也能体现出来。法律的制定和社会制度的制定固然有执政者的主观意愿在，但人类社会生存的需求却是最必不可少的指示。

所谓“无规矩不成方圆”，规则是一种普遍常见的人生定理。在现实社会里，无论做事还是交友也都会有一种潜规则，叫作“人生规则”。它在无形之中推动着人们，推动着社会。

生活的一点一滴给了我们人生的指引，让我们前行的路不再迷茫。

心灵佳句

我们在和自然亲密接触的过程中，要对大自然怀有敬畏之心。

真正的冒险家，不是对任何困难都毫不畏惧，而是尽最大努力挑战可能完成的事。对于那些完全不可能做成的事，则要毫不犹豫地放弃。

冒险家的争与不争

张 鹰

41岁的迪恩·波特是美国知名的冒险家，被誉为“全球冒险第一人”。在过去的10年间，他一直不懈地向人类极限发起挑战，在约塞米蒂和巴塔哥尼亚高原有过多次速攀经历。他的目标是要把各种“不可能”变成“可能”。

2012年11月26日，受纽约电视台邀请，波特将要挑战美国大峡谷，进行高空徒步横跨大峡谷和徒手攀登峭壁两项冒险活动。电视台将对整个过程进行现场直播。

那天上午，在大峡谷两侧的山顶上，工作人员和众多观众沐浴着山风，屏住呼吸，等待着波特迈出那激动人心的一步。

在离地面垂直高度160米的高空，一条长41米、宽25毫米、厚3毫米的尼龙扁带，悬在大峡谷两侧的山峰之间，波特将通过这条扁带穿越峡谷。与徒步走钢丝相比，徒步走扁带难度更大。扁带两端被固定后，尽管被拉紧但仍有较大弹性。挑战者每迈出一步，扁带就会反弹，左右晃动，稍有不慎就会跌入万丈深渊。

在给家人和朋友打过电话后，波特准备开始了。当看见峡谷下面搭了一张防护网时，他很不开心，当即要求主办方将其撤下。而主办方告诉波特："搭设防护网只是为了以防万一，因为一旦出现意外，你将从相当于40多层楼高的高空直接坠下，滚下长达1000米的陡坡，这会使你粉身碎骨。"

对于主办方的好意，波特非但没有丝毫感激，反而大动肝火，他斩钉截铁地说："我要的是绝对真实，你们的行为是对我专业精神的侮辱。我相信自己能够征服峡谷；即使失败，也是我为极限运动付出的代价。"最终，主办方与波特签署了免责协议，防护网才被撤下。

波特穿越大峡谷的过程真可谓惊心动魄，有几次看上去他就要掉下来，但在他的沉着应对下，全部化险为夷。仅用150秒，波特就完成了高空徒步横跨大峡谷的壮举。

下午，工作人员驱车载着波特赶往大峡谷底部。行车途中，下起了倾盆大雨，不过一会儿雨就停了。到达峡谷底部后，波特发现，岩壁上不断有水珠渗出并滴了下来，他皱起眉头，请求主办方取消攀岩活动。

主办方负责人十分不悦："上午，在极度危险的情况下，你坚持让我们撤下防护网。这次面临同样的情况，你为何要放弃呢？要知道，观众正等着看我们的直播呢！"

波特解释："我穿越峡谷的确无比危险，不过通过努力，我完全有可能取得成功。而现在渗水过多，岩壁异常湿滑，根本不具备攀岩的条件。那是大自然的声音告诉我不适合攀爬——我们在和自然亲密接触的过程中，要对大自然怀有敬畏之心。如果我对大自然的警告置之不理，便是白白送死。”主办方负责人觉得波特言之有理，就尊重了他的选择。

波特的坚持与放弃告诉我们，挑战极限能够最大限度地挖掘生命的潜力，但绝不意味着蛮干。真正的冒险家，不是对任何困难都毫不畏惧，而是尽最大努力挑战可能完成的事。对于那些完全不可能做成的事，则要毫不犹豫地放弃。

智慧微信

真正的冒险家是明白自己能做到什么，不能做到什么，极限在哪里，不是含糊不清，不是蛮干，而是不断挑战自己的极限，挑战生命的韧性，尽最大的努力完成可能的事，果断放弃那些不可能的事。对大自然和生命，心存敬畏，怀着一颗坚韧的心审时度势。

生命是脆弱的，不能拿自己的生命开玩笑，失去了生命，再也没有别的可言了。

自然是千变万化的，要看清自然的“情绪”，量力而行，大自然的愤怒不是脆弱的生命可以承受的。善于观察能帮助我们规避危险，遵循自然的法则，不管是冒险家还是我们，都是必须谨记的。

（张英姿）

心灵佳句

要想胜算大，成功斩乱麻，关键不是在快，而是在慢。

说到底，九连环是让解的，不是让掰的；乱麻是要斩的，可是刀法要慢——风狂雨骤更易打得叶凋花残，和风细雨才能洗出一片绿水长天。

慢刀斩乱麻

漠　漠

《红楼梦》里，周瑞家的给各房姑娘送花戴，黛玉却不在自己房间，而是在宝玉房里和大家一起解九连环。九连环哪，自然是九个圆环环环相连，上中有下，你中有我，十分难解，故而好玩。据说有个英雄人物，人家激他解不开，他笑道："谁说我解不开，你们且看。"他双手用力一掰，咔嚓，九个圆环散落一地，开了，和"快刀斩乱麻"简直同工同义——《北齐书·文宣帝纪》云："高祖尝试观诸子意识，各使治乱丝，帝独抽刀斩之，曰：'乱者须斩！'"

真是暴力的天才。

这样的天才外国也有。亚历山大大帝率军远征波斯，进入小亚细亚北部城市戈尔迪乌姆，那里的卫城有一座宙斯神庙，庙内有一辆战车，车轭和车辕之间用山茱萸绳结成一个绳扣，数百年来无人能解，称为"戈尔迪乌姆之结"。亚历山大大帝拔出剑，一砍两段，结开了，解开了。

可惜，快刀斩乱麻的成功案例寥寥。被斩的乱麻碰上快刀，鲜有不反抗者。中国的皇帝一坐上江山，爱把万里河山东封掉一块，西封掉一块，结果就是藩王坐大，不肯乖乖听话，搞到最后皇帝想一道圣旨削藩了事，导致汉朝的景帝削藩引发“七国之乱”、明朝的建文帝削藩招来“靖难之役”、清朝的康熙皇帝削藩引起“三藩之乱”……

所以说，要想胜算大，成功斩乱麻，关键不是在快，而是在慢。

比如说日本的丰田公司。

油价上调，金融海啸，全世界的汽车制造商的日子都不好过。为了降低成本渡难关，丰田公司也想针对臃肿的行政机构开刀，它却是在出手之前，参审端详，一步一步定乾坤：第一步，让每个人都可以“串行”，你会的我也会，我知的他也知，地球缺了谁也照样转，一身而兼数职，就算减员，留下的人也能胜任，而功能单一的才有走人的可能；第二步，行政人员下放现场，以便更好地了解市场，然后从里面挑选出优秀的人才担当大任，不称职的人零星开除，空出来的位置由别人顶上。于是人越用越少，越用越精，缠成一团乱麻的丝被一根根理顺，理不顺的，小动一刀，也不至于引发大地震；亦避免了你挥刀斩乱麻，“乱麻”挥刀斩你，结果就是大家都中箭落马，连美国的通用公司都正式申请破产，而丰田公司的业绩却一路飘红，遥遥领先。

所以，说到底，九连环是让解的，不是让掰的；乱麻是要斩的，可是刀法要慢——风狂雨骤更易打得叶凋花残，和风细雨才能洗出一片绿水长天。

智慧微信

“快刀斩乱麻”往往可以很快地解决复杂问题。但很多时候，如果我们还未看清事情本质，就盲目出击，结果往往会适得其反。所以很多时候，我们做事时更需“慢刀斩乱麻”。“慢刀斩乱麻”是一种大智慧。不是反应迟钝，而是深谙客观规律；不是畏手畏脚，而是高瞻远瞩。举刀之时，必须深思熟虑，对症下药，方能药到病除。“快刀斩乱麻”就像快餐一样，很容易受人青睐；“慢刀斩乱麻”则像煲汤一样，必须平心静气，耐得住繁琐和寂寞，文火慢炖才行。

（马佳林）

心灵佳句

不管三匹马是怎样狂乱暴躁，只要驾驭它们的人能控制住它们，那就会万事大吉，满载而归。

猎狼记

[法国] 大仲马　筱夕（编译）

三套马车是一种由三匹马拉的车辆，这个名称的来源不是车的外形，而是把三匹马套在车上的缘故。

在这三匹马中间的那一匹马总是小步快跑；左右两边的马总是奔驰前进。中间那匹马快跑时总是低垂着头，因而被称之为吃雪马。它左右的两个同伴只有一根缰绳，这两匹马的身躯被分别缚在左右两边的辕上。当这两匹马奔驰时，一匹马的头偏斜在左面，另一匹马的头偏斜在右面，人们称这两匹马为猛烈的马。

三匹马拉着这辆三套马车奔跑时，这辆车就像是一把正在扇风的扇子。

猎人在准备进入森林猎狼时，会用一根绳子把一只又肥又壮的羊系在车尾；为了安全牢固起见，他甚至会用一根铁链把它系在车尾。

无论是绳子或铁链都必须有 10 米左右的长度。

出发时，猎人把这只羊放在车上，那时它是舒舒服服的。到了森林的入口处，猎人开始打猎，便把这只羊从车上放下来，系在车尾。

猎人驾着马车，挥动缰绳，三匹马起步奔驰前进。

羊跟在马车后面奔跑不大习惯，便抱怨叫屈。不一会儿，抱怨声就变成了哀嚎。

听到羊的哀叫，第一只狼出现了，它开始追逐那只羊。接着，两只、三只、十只甚至五十只，越来越多的狼出现了。

所有的狼都在争夺这一只羊，为了接近这只羊而互斗起来。它们都向羊冲来，有的狼用爪子抓羊一下，有的狼用嘴咬羊一口。

这只可怜的羊绝望地惨叫起来，这种惨叫使森林中最深僻遥远处的狼都被唤醒了。

周围三里以内所有的狼都跑来了。这三套马车被一大群狼追赶着。

这个时候就非常需要有一个能干的驾驭者。这三匹马原本对狼就有本能的恐惧感，现在森林里的群狼都来追赶，它们变得更加疯狂了。中间那匹小步快跑的马开始奔驰前进了，左右两边的两匹马现在简直就是惊慌狂奔了。

向狼群开火时，猎人只需要随意开枪，不需要瞄准。这时，除了连续的枪声，还有那一只羊的狂叫，三匹马的嘶鸣和一群狼的嗥叫。三匹马、猎人、羊和群狼所共同表现出来的那种急剧猛烈的行动，简直就像一阵旋风。四周雪片纷纷，空中寒风阵阵。枪弹飞射，如同霹雳，闪闪发光。

不管三匹马怎样狂乱暴躁，只要驾驭它们的人能控制住它们，那就会万事大吉，满载而归。

但是，假如不能控制住它们，假如这三套马车撞上了障碍物或者翻了车，那一切就完蛋了！也许在明天、后天或一星期之后，车子的残骸、猎枪的枪管、马的骸骨以及猎人的骨头，都会被人们找到。

智慧微信

猎狼是一场生死博弈，在自然界中，人和狼，从来都没有规定谁是猎手，谁是猎物。就像蟒蛇和鳄鱼，大战不结束，谁都不知道会葬身谁腹。

这就需要猎人不仅要有高超的驾驭车马的能力，还要有十足的胆量、精明的头脑和敏捷的身手。如果有一个细节没有处理妥当，都会赔上自己的身家性命，成为饿狼的盘中餐。

现实生活中也是如此，不论干什么都要有足够的胆识，令人生畏的气魄和丰富的知识和经验，才能决胜千里，立于不败之地。

（左夏林）

心灵佳句

通过这次教训，我总结出这样一点经验：人在紧要关头，要冷静。冷静或许会使你化险为夷。

孩子走失以后

杨贵星

前段时间，某大商场开业，我带着刚四岁的儿子去玩。到商场门口，人很多。儿子急着往里进，一挤，我一松手，便找不到他了。我大窘，赶快挤进去找。然而，茫茫人海，人头攒动，哪会看到小孩的影子。我急得浑身是汗，喉咙都喊哑了，可仍然没有一点效果。

有个好心人看我焦急的样子，忙对我说："不行，赶快到广播室广播一下。广播室在三楼。"

我想也是，忙往电梯跟前挤。可是我刚踏上电梯，突然有一股意识促使我忙又跳下来了。我像想起了什么，重又挤回到大门口。

我站到大门外边，两眼瞪得大大的注视着人流，心里那股急呀，简直无法形容。

我企盼着奇迹会发生。

大约过了十几分钟，突然一个小男孩哭喊着"爸爸、爸爸"的挤出来了。只见他两眼揉得红红的，满脸脏兮兮的，鞋也弄丢了，袜子也快褪掉了。我一看，正是儿子。我一下子把他紧紧抱了起来。

过后，我想起了我的本能。

这家商场刚开业，儿子对里边不熟悉，不知道哪里好玩，因此，当他看不见大人的时候，就不敢贸然前行了；再者，小孩的思维比较单一，他认为在门口和爸爸走失的，那么，爸爸就一定还在大门口；另外，走失的时间不长，孩子应该没有走远，也不会这么快就出意外。本能促使我从电梯上跳下来，又回到大门口，这个思路应该是非常正确的。假如我挤电梯上到三楼，再找到广播室广播，就会耽误很长时间。儿子如果到大门口找不到我，就会失去目标和希望。那么，后果将不堪设想，他很可能又会挤进商场里，或者去外边顺着马路走。这两种情况都可能会使孩子丢失或者被人抱走。

通过这次教训，我总结出这样一点经验：人在紧要关头，要冷静。冷静或许会使你化险为夷。

智慧微信

生活需要智慧，即使是一件很小的事情，或者一件我们已经做了千百遍习以为常的事情，如果我们能冷静下来，想一想有没有更好的方法来处理一下，或许我们就能做到“山重水复疑无路，柳暗花明又一村”，再或许我们就能做到“曲径通幽处”。孩子丢了，这不是一件小事儿，愚蠢的人往往会慌乱惊恐，生怕从此以后孩子从自己的生活中永远消失，他们会不由自主地往坏处去想，会动用所有力量声势浩大地去寻找，可就是不肯冷静下来好好想想。我们处世做事都应该记住四个字：冷静，想想！

（靳志刚）

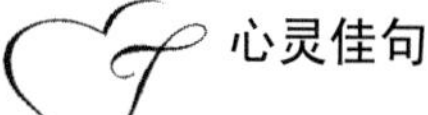

心灵佳句

之所以说它们是冤家对头，是因为麋鹿不仅是灰狼的天然美味，有时也是灰狼生命的终结者——很多灰狼在捕杀麋鹿时，死在麋鹿的角上。

可怜的安亚尔，至死大概也不知道：为什么奥普可以做的事自己就不可以做呢？

麋鹿安亚尔

张爱国

生活在美国黄石国家公园的众多野生动物中，有灰狼和麋鹿这对冤家对头。

之所以说它们是冤家对头，是因为麋鹿不仅是灰狼的天然美味，有时也是灰狼生命的终结者——很多灰狼在捕杀麋鹿时，死在麋鹿的角上。

安亚尔是一只未成年的雄性麋鹿，出生时它的母亲就死了，是黄石公园的志愿者将它养大的。上星期，志愿者觉得它能够独立生活了，于是将它放了出来，并有意识地让它跟着奥普——一只身材高大的成年雄性麋鹿。

这天傍晚，安亚尔和奥普在红霞铺满水面的河边吃草，一只灰狼从不远处的草丛中悄悄靠向这边。安亚尔首先发现了敌情，一声惊叫，撒蹄逃跑。奥普也急忙抬起头，在作势要逃的同时又不由得向敌人的方向看去。当奥普看清了来犯之敌时，竟然收起脚步，停下，继续啃草。

灰狼发现偷袭的阴谋败露后就干脆跳了出来，堂而皇之地追赶过来。它原本要追捕安亚尔，但见到奥普停下，就转而追向奥普。可是令这只年轻的灰狼没想到的是，等它跑到奥普近前准备扑击的时候，一直低头啃草的奥普冷不防猛一扬头，那对树枝状的角又准又狠地挑上了它的腹部。灰狼一声惨叫，奥普再猛一甩头，“啪！”灰狼被摔到十米开外。

奥普继续低头吃草。灰狼却在地上哀嚎着挣扎了几下就不动了——这只也是由人工养大的狼，不知道自己作为一只未成年的狼根本就不是成年雄鹿的对手，更不知道雄鹿奥普在与灰狼长期的周旋过程中早已练就了“知己知彼”的能耐。

已经站在百米开外一个高坡上的安亚尔看到了这场短暂却惊心动魄的战斗，当它确定灰狼再不会对它构成威胁的时候，它跑了回来。安亚尔首先来到灰狼旁边，昂首挺胸，跳着，叫着，再用它那还没有完全长成的角挑弄着敌人还在流血的尸体。然后，安亚尔又跑向奥普，嘴贴着奥普的嘴，发出欢快的叫声——它一定在把最美好的赞词送给它的英雄吧。

几天后，安亚尔和奥普一起吃草时，又有一只灰狼来了。安亚尔见了，虽然一开始还是本能地要逃跑，但当它看到奥普没有动的时候，也停了下来，站到奥普身后。这是一只即将成年的雄性灰狼，它在距离奥普还有三四米的地方停住了，张开大嘴，向着奥普嚎叫——似乎，它觉得自己不是对方的对手，希望用这种方式战胜对手。可是奥普依然漫不经心地啃着草，不时抬头向灰狼摆动那对威风凛凛的树枝状的角。

见奥普不为所动，灰狼想要绕过奥普去猎杀安亚尔，可是任凭它怎么努力，奥普都像一座移动的山一样挡在它的面前。

如此僵持了近半个小时，奥普不耐烦了，抡起它的角冲向灰狼——灰狼终于以这种不光彩的方式灰溜溜地逃跑了。

安亚尔对奥普更加崇拜了。

这天，是奥普首先发现了一只灰狼来袭，可是它没有像前两次那样继续吃草，而是一声惊叫撒腿就跑，边跑还边向身旁的安亚尔发出急切的呼唤。安亚尔呢？在短暂的惊恐中跑出了几步，却突然停了下来——我们无法知道安亚尔此时的心理，难道它认为它的偶像奥普是在和它做游戏或者在教它本领吗？总之，它停了下来，像上次奥普那样，低下头继续吃草，又像奥普那样，向着飞奔而来的灰狼——一只成年大灰狼，摆动着它的角——那对还没有成熟的角！

大灰狼仿佛被安亚尔的气势镇住了，不由地停下脚步。安亚尔又低头吃一口草，接着扬起它那没有成熟的角，昂首挺胸，迎上大灰狼……

忽然，大灰狼一声嚎叫，扑向安亚尔……

可怜的安亚尔，至死大概也不知道：为什么奥普可以做的事自己就不可以做呢？

智慧微信

为什么别人能够做到的事，自己却做不到呢？古人说的好：知己知彼，方能百战不殆。奥普之所以在遇到不同的狼有不同的反应是因为它能对来犯者做冷静的分析，根据对手实力的强弱来决定自己的应对策略。尤其是在关乎生死的大事上，一旦对敌人掉以轻心，就会付出生命的代价。

奥普的沉着告诉我们，即使大敌当前，也要有泰山崩于前而不变色的气魄；它的谨慎告诉我们，永远不可轻视自己的对手，时时刻刻提高警惕，对手弱小可以主动进攻，对手强大则要随机应变，避而不战。安亚尔的愚笨警示我们，不切实际地模仿别人，根本就是自取灭亡。为什么别人能够做到的事，自己却做不到呢？从以上两只麋鹿的故事中，我们找到了最好的回答。

（徐影）

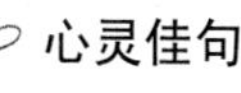

心灵佳句

这些看起来很小的成功，让人们看到了梦想并不是荒唐的。他们已开始感觉到，有些事情真的可以实现。

每个人都有梦想

［美国］维吉尼亚·萨提亚　庞启帆（译）

10 年前，艾尔·科丹在南半球的一个比较落后的国家从事一项特殊的工作。他所做的工作，就是唤醒那些依赖社会救济生活的人自力更生的欲望与能力。他请求当地政府部门召集一组依赖社会救济生存的人，这些人来自不同的种族和不同的宗族。然后每个周五他都花三个小时与这些人在一起，有需要的话，他也会向政府申请一点现金带到工作现场。

那天，和每个人握手之后，科丹说的第一句话是："我想知道你们每个人的梦想是什么？"听到科丹的话，那些人都奇怪地看着他，他们的眼神就像看一个疯子。"梦想？我们没有梦想。"其中的一个男子说道。

科丹耸耸肩，说："那么，当你们年轻的时候有过什么想实现的事情？难道你们现在都忘了那些曾经想实现的事情？"

一个女人大声说："我不知道你说的梦想有什么用。我的孩子被老鼠咬伤了，这是我目前最揪心的事。"

“老天，”科丹说，“太可怕了！当然，目前最需要解决的问题就是那些老鼠和你的孩子。你需要什么帮助？”

“嗯，我想要一个新的纱门，因为我家的纱门破了一个洞。”

科丹问众人：“这里有会修纱门的人吗？”

人群中一个 40 多岁的男子举手应道：“很久以前我干过这种活，但现在我差不多都忘了。不过，我还是想试试。”

“我身上有一点钱，你可以拿这些钱去商店买材料，然后去帮这位女士修纱门。”科丹告诉他。顿了顿，科丹又问：“你认为你能做好这件事吗？”

“是的，我会尽力的。”男子答道。

一周后，当人们又聚在一起的时候，科丹问那个女人：“你家的纱门修好了吗？”

“哦，修好了。”她说，“我们可以开始我们的梦想了，不是吗？”说完，她给了科丹一个微笑。

科丹问那个修纱门的男子：“感觉怎样？”

男子答道：“哦，你知道，那是一件非常开心的事。我的心情从来没有像现在这么好过，并且我觉得现在的生活比以前有意义多了。”

这些看起来很小的成功，让人们看到了梦想并不是荒唐的。他们已开始感觉到，有些事情真的可以实现。

科丹开始问其他人的梦想。一个女人说她一直都想成为一名秘书。“是什么妨碍了你实现梦想呢？”科丹问。

她沉吟片刻，说：“我有六个孩子，如果我离开家，就没有人照顾他们了。”

“我们来找一个解决的办法。”科丹说。

“当这位女士去职业学院参加培训的时候，有谁可以一周去她家一到两天帮她照顾她的六个孩子？”

一个女人说："我也有孩子，但我可以做这件事。"

"我们都行动起来吧。"科丹说。一个计划产生了，那个一心想做秘书的女人随后去了某个职业学院参加夜校培训。

每个人都找到了事情做。那个修纱门的男人成了一名杂物工，那个去照看小孩的女人成了一名专职的护理员。12 周后，这组原本依赖社会救济生活的人没有一个再需要社会救济了。

智慧微信

应该重视小成功，它会激发你做出更大的成就。

依赖，让人身上的一些本来可以调动的积极因素进入了睡眠状态，人也因此慢慢地就变得麻木了，甚至忘记了自己身上本来有的一些能力。社会救济制度稍微好一点的环境下，这些依赖成性的人就会靠政府的救济来度日；在一些社会救济制度不怎么好的环境里，他们会依赖现有的物质资源过日子，更甚者流落街头，靠一些善心人士来施舍。

在这里，我们提倡对一些残疾人应该抱有同情之心。但是，我们更愿意把一些钱投在街头卖艺人的罐里，而不是给那些年轻力壮、行为正常的跪在街边的人。为什么？我们一致认为有生存能力的人，就应该凭个人的努力去生活，依赖只会让人觉得可耻而不是可怜。

（黎少清）

心灵佳句

其实，一个人的潜能挖掘，父母的发现与鼓励是非常重要的，他们往往是点燃孩子希望的火种，然后在自身地不断努力下，信念之灯会照耀着让他接近成功，甚至走向事业的辉煌。

小泥人捏进吉尼斯

毛文轩

葛志文是南京市工艺美术大师，他参与雕刻的320千克重“金牛壶王”石壶，获得了上海世界吉尼斯石壶之最的殊荣。而谁会想到，仅初中毕业的他，竟是因小时候捏泥人捏出奇想，一步步走进了艺术的殿堂。

出生于20世纪70年代末的葛志文，老家是苏北泗阳的一个叫东田村的地方，用他的话说，那地方，贫穷得连雨水都不肯留在沙土地上。父母从小教育他，一定要通过努力走出庄子。七岁那年，葛志文和村里七八个孩子在村后拿铲子挖泥玩耍，一个孩子的尖叫声聚拢了大家的注意力。原来那个孩子从大片的黄沙土中挖出了水桶粗的“红泥柱”，有两三米长。大家更稀奇的是，已雨后数天，它和干燥的沙土比，除色彩红润外，还有黏性，一捏成团。不知是谁的主意，所有人忙活开来，用它捏起了向往的玩具。

拖拉机、小青蛙、蜻蜓等农村可见的物件，从葛志文手中被逼真传神地捏出，“小神童”的称呼从此传遍村庄。当时，父母听村中读过书、最有见识的村长说，志文这孩子，要是读点书，说不定小泥人可以捏进吉尼斯。没有文化的父母内心充满了骄傲，从那一刻起，把葛志文读书看得比什么都重要。

父母为了给儿子读好书，什么家务都不让他干，家里有什么好菜，也都放到他碗里。课堂上，葛志文的美术天分显露出来，不论小学还是初中，美术分数多为满分，只要学校举办美术大赛，第一名非他莫属。可遗憾的是，因为当时农村教学条件差，葛志文中考失利，破灭了艺术梦想。为了生活，葛志文只得认命，被迫跟着泥瓦匠拎起泥桶度日。而老村长的话和儿子心灵手巧的艺术天分，让老实巴交的父母变得不安起来。他们多方打听，在得知远房亲戚在上海从事石刻艺术后，软磨硬泡，硬是将儿子推上了追梦之旅。

临行前，父母在车站拿出了他小时候捏的泥人，告诉他：“志文是最棒的，你的小泥人可以捏进吉尼斯！只要努力，你一定会有大出息的！”

18 岁的葛志文，投师上海石刻界有名的陶泓斋门下。当时，整个团队有 20 人，主要是生产石壶，销往台湾、日本及东南亚地区。初来的他，不比从师多年的师兄弟，只能从壶壁简单的打磨做起。工作以后，他发现壶壁打磨是个细致活，损坏一个要赔掉 250 元月薪。开始，粗心的他三个月就付出了近半年的血汗钱。每当气馁时，他就拿出小泥人，用父母的话激励自己，下狠心思考琢磨石刻艺术。

倔强的葛志文，在掌握规定科目技巧后，又偷偷地观察揣摩起雕刻技术。在工作之余，他暗暗花了四个多月的时间，完成了第一件捆竹石壶，带着忐忑的心情呈给了师傅。虽然师傅说出多处不足，但是脸上露出了难得的微笑。葛志文觉得，这是师父地赞许，他更刻苦努力了。接着，他创作的两件作品不仅再次得到认可，还在学徒两年未满的时候，受师父指派，参加了所有徒弟们参与的石雕大比武。后来葛志文得知，一般学徒四五年，师傅才允许学习简单石雕。结果，他没有让师父失望，经过十几项技能竞赛，创作的作品“玉兔奔月”石壶得了第一名。

看得出，师父对自己是满意的。接下来，葛志文还参与了香港回归指定题材的 1997.71 克重的“慈善归源、众竹环抱”石壶的雕刻以及上海世界吉尼斯石壶之最的创作。此后，他为追求自己的艺术事业，又到南京建立了工作室与展馆，创作了数百件石刻艺术品，其中有百余件在全国参展，并获得江苏省工艺美术最高奖金奖、迎春花奖、中国工艺美术最高奖“百花奖”、中国玉、石雕刻最高奖“天工奖”等 10 多项荣誉。

其实，一个人的潜能挖掘，父母的发现与鼓励是非常重要的，他们往往是点燃孩子希望的火种，然后在自身地不断努力下，信念之灯会照耀着让他接近成功，甚至走向事业的辉煌。

智慧微信

信念是一种神奇的力量、是内心深处对自己的期许、是走向成功的内在动力和力量的不竭源泉。信念是一粒种子，需要我们细心地守护。童年的葛志文是在一团泥巴中埋下这粒种子的，在以后的成长过程中，周围的人们包括亲人、老师、乡亲都极力地呵护着这种信念和期许。正是怀着对自己的这种自信和期许，他才最终获得了成功，得到本行业的认可和最高荣誉。

其实，如果拥有这份执着和自信，我们每一个人都会实现自己的梦想。只是在成长过程中，现实的纷扰常常使自己无所适从，无法确定自己的理想，让许多精力都消耗在日常的琐事之中。专注、努力，你一定也会是最棒的。

（李雁彬）

第五辑

·我思故我在

但丁有句名言:“走自己的路，让别人去说吧！”其实，这里面也应该包括思想。我们每一个人都是独立的,所以我们就应该有自己独立的思维和是非观念。人云亦云，最终的结局只能是被别人看不起，被挂上一个没有主见的标签。当我们有了一个想法，而且扪心自问这个想法不是自私自利的，那么就大胆地说出来吧！或许，你的意见和大多数人的意见相左，没有关系，我们发出了自己的声音，告诉他们另一个不同的想法，就行了！

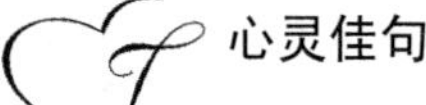

心灵佳句

盖茨不愧是领袖，虽然他是那么走过来的，却不希望更多人去效仿自己。毕竟，盖茨很清楚，那样做而成功的人一点也不多。

盖茨的学业风范

杨文凭

哈佛校报与很多媒体都曾称比尔·盖茨为历史上最成功的辍学生。毫无疑问，这位首富一直是不少中途辍学创业者的榜样，他们乐此不疲地打拼着，都在想成为百万分之一、甚至千万分之一个“盖茨”。

读哈佛大学时，盖茨常去听没选修的课，在 Radcliffe 过着逍遥自在的日子，感觉那里的女生比男生多，真是棒极了！他每天在寝室里和很多人待到半夜，讨论着各种各样的事情，从不考虑第二天早点起床。他们互相黏在一起，做出一种拒绝所有正常学生的姿态，还成了那些不安分同学的头头。

想不到，就是一个这样走过来的财富天才，却在 2007 年 6 月 7 日的哈佛大学毕业典礼上动情坦言：“有一句话我等了三十年，现在终于可以说了——老爸，我总是跟你说，我会回来拿到我的学位的……我终于可以在简历上写我有一个本科学位了。”对于盖茨来说，哈佛的经历是一段非凡的经历，他觉得：“虽然我离开得比较早，但是我在这里的经历、在这里结识的朋友、在这里发展起来的一些想法，永远地改变了我。”在阐述为何要选择这样的场合发表演说时，盖茨说：“如果我在你们入学欢迎仪式上演讲，那么能够坚持到今天在这里毕业的人，也许会少得多吧？”盖茨还谴责自己是个有着恶劣影响的人，他使得 Steve Ballmer（注：微软总经理）也从哈佛退学了……

盖茨不愧是领袖，虽然他是那么走过来的，却不希望更多人去效仿自己。毕竟，盖茨很清楚，那样做而成功的人一点也不多。

其实，人们并不反对先行者去创业，也希望身边涌现一个又一个“盖茨”。我想，如果那些小有成绩的同学，除了能充当典范，还要显得有风范些，这样反对的声音就不会那么高了，其他同学的学业也会少受影响了。

智慧微信

成功不可复制，每个人的情况都不尽相同，他人的经历你不可效仿，你的成长也没有模板。

比尔·盖茨的成就，令人称羡，可是这个世界只有一个比尔·盖茨。

天生我材必有用，一定会有一条属于你自己的人生道路。做好自己吧，好好学习，等你有足够的知识和能力时，根据自身条件，规划一条适合自己的道路，为社会、为人类贡献你的才智。

（李红娜）

心灵佳句

花自芬芳，是一种道德和行为底线最亮丽的风景；蜂蝶舞，是欲望诱惑的舞台。

只有坚守原则、坚守底线，人生之花才会飘荡正直之香。

花自芬芳，蜂蝶舞

张振旭

钱穆是中国现代著名的历史学家。

钱穆在北大任教第二年，不顾系主任的反对，坚持增开一门中国政治制度史。他的逆风行为，引起校领导的极度不满：因为当时时局变幻莫测，共和革命风起云涌。钱穆顶起千重压力，勇往直前，他认为：开设这门课是要让学生了解专制、了解历史发展的因素以及了解历史的全面知识。没有想到，前来选课的学生很多。这样，这门课在学生的呼声中应运而生。这个课一开课就座无虚席，还引来外校的学生和社会有识之士前来旁听，这门课的开设也成了北大特色课最耀眼的一颗明珠，声名斐然。

有一次，钱穆正在阳台前观看盆景，一株叫不上名的花儿开得正旺，馨香四溢，引来蜂蝶翩跹起舞。这时，有位朋友前来，见到钱穆便打哈哈："钱兄真闲情逸致啊，浸润在花香蝶舞的春色中，惬意悠然。"钱穆与来者握手打招呼，引到客厅，泡茶递上。朋友开口道：

“我今天到来，说话直来直去。我的一位朋友正组织一个政党，特邀请钱兄加入。这个政党能组织起来，离不开钱兄这个顶梁柱支撑啊！”钱穆忙一口回绝：“谢谢兄弟看得起我，抬爱有加。我只适合搞学术研究，这才是我的本职工作。兄弟另请高明吧！”来人不依不饶继续说：“钱兄何必像胡适那样搞考据，没有实在意义与价值。希望你能审时度势，和我们干一场轰轰烈烈的革命，对当前动荡时局才贡献更大！”钱穆微笑着点点头，问道：“兄弟，我阳台上那盆花开得美不美，香不香？”来人见钱穆态度转变，心中大喜，忙回答：“又美又香！”“花儿没有开放之前，没有蜂蝶前来，那花还是花。兄弟，我的态度和我的做人准则就是那盆花，花该开时就开花，花该谢时就谢了，与我身边嗡嗡作响的蜂蝶无关。”来人听后，面红耳赤，灰溜溜地走了。

欲知平直，则必准绳；欲知方圆，则必规矩。花自芬芳，是一种道德和行为底线最亮丽的风景；蜂蝶舞，是欲望诱惑的舞台。只有坚守原则、坚守底线，人生之花才会飘荡正直之香。这样，也让我们看清了什么才是真正大师的操守：同在一个“阳台”方寸间，花和蜂蝶演绎的却是不同人生。

智慧微信

花自芬芳，因为花美；人自芬芳，来自人格魅力。心中有曲直，蜂飞蝶舞又如何?

许多人在谋划一生时，大都从正面要求自己有所作为，要做到“这个”，达到“那个”，其实，同时还要确立反面界限：不可“这样”，不得“那样”。无论何时何地，都要守住自己的人生底线。

平常日子守住底线容易，但当一个人陷入进退两难境地时，或在强大的外在压力下，不附和，不帮腔，对得起自己的良心，这才是人生底线。守住人生的底线，既是做人的起码要求，又是至高无上的人格本色，需一辈子努力践行。

坚持自己的操守和做人原则，才有可能写好一个大写的人字！

（刘光）

心灵佳句

这聪明人坦然回答，因为他是一个真聪明的人："蠢材，思想是不朽的。"

快　乐

［俄罗斯］库普林　尧君（编译）

一天，皇帝召集了许多诗人和哲人来到他的面前，给他们出了一个难题："什么才是快乐？"

第一个人慌忙抢答："在他的脸上要常常能看见上帝般的光辉，还要永远感觉到上帝般的光辉。"

皇帝听了冷冷地说道："挖去他的眼睛。换一个上来。"

第二个人上前高声奏道："有权力才是快乐。皇帝陛下，您就是快乐的。"

皇帝对他苦笑道："胡说八道。我身子病怏怏的，可没有权力去医好它。削去他的鼻子，换一个。"

接着上来的人害怕地回答："快乐就是财富。"

但是皇帝说道："我很富有，我却偏偏问这个问题。这样吧，我给你一块和你的头一样重的黄金好不好？"

"啊呀，谢陛下！"

"这是你应得的。在他头上绑一块和他的头一样重的黄金，然后把这个叫花子抛到海里。”皇帝焦躁地喊道，“第四个。”

这时，一个衣衫褴褛、眼睛火红的人匍匐上前，吃吃地说道：“唉！最智慧的陛下！我期盼的很少，我很饿，只要让我吃饱，我就觉得快乐，会跑遍天下传扬陛下的仁德。”

皇帝很嫌恶地说：“喂他吃，他撑死了的时候向我报告。”

又上来了两个人，一个是健壮的运动家，他叹息一声说道：“快乐就在诗中。”还有一个是枯瘦憔悴正发着烧的诗人，他说：“快乐就在健康中。”

但是皇帝笑笑说：“我若有本领交换你们两个人的命运，那么，诗人哪，你不到一个月就会哀求要才思。而你，海格力士（古勇士）的化身，就要到医生那边去讨丸药请他减轻你的体重了。都安安稳稳地去吧，还有什么人？”

第七个人身上佩戴着水仙花，他傲然喊道：“还有一个浮生在此。快乐是在太虚之中的。”

皇帝懒懒地传谕道：“割去他的头。”

那人的脸色变得比他的水仙花更加惨白。他哆嗦着说：“皇帝陛下，饶恕我吧！我说的不是这个意思呀。”

但是皇帝已经很厌倦了，摆摆手，打着呵欠重复着自己的命令。

又来了许多人，有一个人只说了几个字：“女人的恋爱。”

皇帝说道：“很好。把我国境内最美丽的女郎挑一百个给他，再给他一杯毒药酒。”

又一个人说：“我所有的欲望若能立刻得到满足，那就快乐了。”

皇帝很狡猾地问他：“那么你现在有什么欲望呢？”

“陛下……这问题太出我意料之外了。”

“活埋了他。唉，到底还有聪明的人吗？”皇帝叹了口气，走近其中一个人问道，“你恐怕知道快乐在哪里吧？”

这个聪明人——因为他确实是一个聪明人——答道："快乐在于人类思想的可爱。"

皇帝眉头紧锁，怒喝道："人类思想！什么是人类思想？"

但是这聪明的人——因为他真是一个聪明的人——只温柔一笑，并不回答。

于是皇帝把他送进了地底下的监狱，那里永远只有黑暗，甚至连一丝声音都没有。一年之后，他变成了一个又聋又盲的人，连站立都不行。他被带去见皇帝，皇帝问他："你现在还快乐吗？"他回答道："是的，我快乐。在监狱的时候，我是一个皇帝，是一个富人，是在恋爱中，我饱食，我饥饿——这一切都是我的思想给我的。"

皇帝很不耐烦地喊道："那么，思想到底是什么东西呢？再过五分钟我就要命人绞死你甚至朝你身上啐唾沫，到那时你的思想还能安慰你吗？到那时你的思想还存在吗？"

这聪明人坦然回答，因为他是一个真聪明的人："蠢材，思想是不朽的。"

智慧微信

“境由心生”，快不快乐本就是只有自己才明白的。我心懂得，就是真实；我心惘然，一切虚无。对于不同的人来说，快乐的源泉是各自不同的。快乐很简单也很深奥，文章中皇帝对所有的快乐进行了无情的审判，证明把快乐寄托于信仰、财产、食物、艺术、健康、爱情等都是不可靠的！只有思想，来源于思想的快乐是不朽的，因为思想是不朽的。

皇帝至高无上，可以主宰一切人的命运，但是他得不到真正的快乐，因为他从来不知道思想为何物。

（安婷婷）

心灵佳句

其实这些骆驼与其说是死于缺少食物，倒不如说是死于自己的经验和习惯。

有的时候不是也常常被自己的习惯和经验所束缚去做一些傻事吗？

你是不是那一只骆驼

郭 龙

在中国北方的沙漠中，骆驼是人们在沙漠中行走最主要的交通工具。人们常用它来驮东西，尤其是在长途跋涉中，一峰骆驼至少比十几个成年人背的东西还要多，所以在沙漠里的每一户人家都会饲养几峰骆驼用来运东西。

驯服骆驼这样的庞然大物是一件很费工夫的事，因为它一旦狂躁起来，就是十几个成年人也未必能制服它，但是北方沙漠中的牧民却有一个很简单的办法来驯服它。

在骆驼出生后不久，养骆驼的人就在地上深深的楔下一根用红线缠裹的鲜艳木桩，然后把小骆驼拴在这根木桩上。这些小骆驼刚开始都挣扎，它们拼命地挣扎想把那根矮矮的木桩从地下拔出来。但是这些小骆驼根本不知道的是那根看似又矮又小的木桩其实被插得很深。不要说是一峰小骆驼，就是成年的骆驼，也是根本没有办法拔出来的。

几天后精疲力竭的小骆驼开始屈服于那根木桩了，它不再试图把那根木桩拔起来了，它的活动范围也开始局限于栓在木桩上的绳子的范围内。可是小骆驼对饲养它的人却依然充满了敌意。

这时候养骆驼的牧民却一点也不着急，牧民把木桩上的红线解了下来，然后用手抓着拴小骆驼的绳子不停地抖动。小骆驼愤怒了，它不相信这个又矮又小的人会比自己力量大。于是小骆驼拼命挣扎着要离开牧民的控制，它拼命地拽，沙团搅起了一阵又一阵，脚下的沙子被踢得老高，最后小骆驼挣扎得连四个蹄子都出血了，可是那个拉绳子的牧民却依然很悠闲，小骆驼开始有些屈服了。第二天的时候，牧民换了一个小孩子，小骆驼的野性又被激发了，它不相信它会被一个小孩子所控制，又开始了新一轮的挣扎，当然最后它还是筋疲力尽的败下阵来。

就这样折腾小骆驼五六天，最后小骆驼终于屈服了。从这天开始牧民开始手里拿一根小木棍，将棍随便往地下一插，再将小骆驼拴在那根小棍上，小骆驼再也没有勇气挣脱它。它不相信自己能挣脱它，它的活动范围也仅仅限于在那个栓在小木棍上的绳子范围内。

围着那根小棍，小骆驼一天天长大了，它的身体也更加强壮了。那根牧民随便一插就能拴住它的小棍对它来说已经不算什么了，可是骆驼却依然不敢离开它半步，对于这个被木棍牵着的生活它已经彻底习惯了。

可是在这些骆驼习惯于牧民用小木棍约束的同时，也常发生这样的悲剧：当不期而遇的风暴在沙漠里来临的时候，牧民为了防止自己的骆驼丢失，他们往往迅速在地上插一根小木棍，然后他们把一只甚至几只骆驼一起拴到这根小棍上。当牧民被巨大的沙暴远远裹走后，那些身体巨大的骆驼还牢牢地卧在小棍的周围，因为主人生死不明，这些骆驼失去了为它们拔掉小木棍的人，就寸步不离地一天、两天甚至一直卧倒在那儿，最后被活活饿死了。

其实这些骆驼与其说是死于缺少食物，倒不如说是死于自己的经验和习惯。这些骆驼是多么的愚蠢，可是我们想想自己，我们又何尝不是这样，有的时候不是也常常被自己的习惯和经验所束缚去做一些傻事吗？

你是不是那只骆驼呢？

智慧微信

人们常常为在虎口挣扎的小鹿所打动，为在绝望中积极求生的人所震撼。人们钦佩强者，轻视懦夫。骆驼本是强者，却被自己的一部分经历驯化成了永久的懦夫，它用所有的牺牲为自己的经验主义买单。

朋友，永远不要停止挣扎和反抗！璀璨红尘，人还是至情至性不麻木的好。经验主义固然能为我们提供帮助，可是，落入了生活的套中我们就可能失去自己。失去了自己，失去了进取和斗争意识，这不是比什么都令人难过么？总之，人生在世，怎么都不会错的事就是——努力让自己更努力、更精彩！

（陈丹）

心灵佳句

一夜已尽，人们又小心翼翼地起来，出来了；便是夫妇们，面目和五六点钟之前也何其两样。从此就是热闹，喧嚣。而高墙后面，大厦中间，深闺里，黑狱里，客室里，秘密机关里，却依然弥漫着惊人的真的大黑暗。

夜 颂

鲁 迅

爱夜的人，也不但是孤独者，有闲者，不能战斗者，怕光明者。

人的言行，在白天和在深夜，在日下和在灯前，常常显得两样。夜是造化所织的幽玄的天衣，普覆一切人，使他们温暖，安心，不知不觉地自己渐渐脱去人造的面具和衣裳，赤条条地裹在这无边际的黑絮似的大块里。

虽然是夜，但也有明暗。有微明，有昏暗，有伸手不见掌，有漆黑一团糟。爱夜的人要有听夜的耳朵和看夜的眼睛，自在暗中，看一切暗。君子们从电灯下走入暗室中，伸开了他的懒腰；爱侣们从月光下走进树阴里，突变了他的眼色。夜的降临，抹杀了一切文人学士们当光天化日之下，写在耀眼的白纸上的超然，混然，恍然，勃然，粲然的文章，只剩下乞怜，讨好，撒谎，骗人，吹牛，捣鬼的夜气，形成一个灿烂的金色的光圈，像见于佛画上面似的，笼罩在学识不凡的头脑上。

爱夜的人于是领受了夜所给与的光明。

高跟鞋的摩登女郎在马路边的电光灯下，咯咯地走得很起劲，但鼻尖也闪烁着一点油汗，在证明她是初学的时髦，假如长在明晃晃的照耀中，将使她碰着“没落”的命运。一大排关着的店铺的昏暗助她一臂之力，使她放缓开足的马力，吐一口气，这时才觉得沁人心脾的夜里的拂拂的凉风。

爱夜的人和摩登女郎，于是同时领受了夜所给与的恩惠。

一夜已尽，人们又小心翼翼地起来，出来了；便是夫妇们，面目和五六点钟之前也何其两样。从此就是热闹，喧嚣。而高墙后面，大厦中间，深闺里，黑狱里，客室里，秘密机关里，却依然弥漫着惊人的真的人黑暗。

现在的光天化日，熙来攘往，就是这黑暗的装饰，是人肉酱缸上的金盖，是鬼脸上的雪花膏。只有夜还算是诚实的。我爱夜，在夜间作《夜颂》。

六月八日

智慧微信

鲁迅是一位富有诗人气质的人。他的杂文“措辞也时常弯弯曲曲”。这篇《夜颂》，就注重选择和开掘意象的诗意，善用隐喻，文笔多闪烁、隐藏、婉曲，能融抒情、议论、哲理于一炉；日常生活的场景、事物、人情，经过提炼、凝聚，颇有深意而引人联想，不仅传达讽刺鞭挞的命意，且可给人以美的体味。有时概括急促，如风驰电掣，用意清晰，如写“文人学士”在光天化日之下的虚伪和夜气之下的真相毕露；有时款款道来，如油画的细部，含义悠远，令人猜想，如描写关于穿高跟鞋的摩登女郎，在马路边的电灯下，由初学时髦到昏暗中放缓脚步，领略夜的凉风的吹拂时心理的变化过程，就寓意颇丰，譬比恰切，透出鲁迅笔下特有的诗意和机智来。鲁迅有过彷徨，有过失落，但即使在他看不到未来曙光时，他依旧未放弃过自己的理想。

（李雁彬）

心灵佳句

弱小者，要教之以刚强；强大者，要辅之以变通。弱者不可示弱，强者不可恃强！此理，千古不易！

强弱之道

朱国勇

公元 1346 年，刘伯温隐居于镇江北固山，一面读书治学，一面招村童讲授儒学。刘伯温能谋善断、精通医理，经常为村民解决疑难，不久，就名闻一方，被村民们称为“贤士”。

一天，刘伯温立在危岩之上，骋目遐思。山风浩荡，刘伯温的长衫随风飘舞。

这时，山下来了一位年轻人。年轻人修长消瘦，一脸苦恼，他说：“先生，我在东市卖菜。虽然利润微薄，却也过得日子。可惜最近，冒出几个痞子，非要向我收保护费。要是给了他，我的日子就没法维持了！”

刘伯温笑笑，问年轻人：“你姓什么？住哪里？”

年轻人答道：“我姓孟，住在山前李家庄。”

刘伯温捋捋胡须，一副胸有成竹的样子：“好，我教你一个办法。你准备一把利刃，痞子再来时，你朝他大腿上猛扎一刀。”

年轻人心有疑虑：“这能成吗？”

刘伯温肯定地说："我这法子，不仅能解你眼前之困，还能保你一生无忧。"

年轻人刚走，又来了一位矮黑粗壮的汉子。汉子声音洪亮："先生，我在西市卖肉，都十几年了。昨天，竟然来了几个痞子，要收什么保护费。我哪能给他交保护费？我本打算将他们教训一顿，老婆拦住了我。她非说您世事洞明，让我来问问您该怎么办。"

刘伯温慈祥地笑了："你姓什么，住在哪里？"

汉子回答："我姓王，住在王家大庄。"

刘伯温说："你呀，就应该给他保护费。不仅要给，还要买菜沽酒，请痞子们饱餐一顿。"

汉子惊讶得两只眼睛跟铜铃一般："先生，我没听错吧？"

"你没有听错。照我说的做，可包你平安无事。"

汉子闷闷无语，半天，才咕哝一声："好，我且听您的。"

汉子转身离去时，刘伯温又叮嘱道："你记着，请痞子吃饭时，要多请族人、朋友相陪。"

在一旁园子里种菜的弟子，把这一切都看在了眼里。弟子很纳闷，就问刘伯温："同样一个问题，您教给他们的解决方法怎么会截然相反呢？"

刘伯温是这样解释的：年轻人姓孟。孟姓是小姓，在当地人丁单薄。而菜市场三教九流鱼龙混杂，这年轻人又生性怯懦，就算交了保护费，也难保不再受别人欺负。我教他手持利刃，独战群痞。可以让他一战成名，从此无人敢欺！那个汉子姓王，孔武有力，杀猪出身。王姓，又是当地大户，族人数千。我让他宴请痞子，再多请朋友族人作陪，就是向痞子展示实力。一场酒席下来，他多半就成了痞子拉拢的对象。痞子们不但会退还他的保护费，从此，还会成为他的朋友。

"弱小者，要教之以刚强；强大者，要辅之以变通。"刘伯温最后是这样总结的。

弟子听了，钦佩不已。人心虽异，世理皆同！江湖智慧，儒家心肠，在刘伯温身上得到了完美的诠释。

几天后，汉子上山来向刘伯温道谢：“痞子不但不要我交保护费了，还一个劲地要跟我交朋友。”又过了几天，年轻人也来向刘伯温道谢：“大师，我一连刺伤了两名痞子。现在，几十个卖菜的都团结在我身边，痞子们再也不敢来了。”

刘伯温颔首微笑。长天，流云飞渡，山下，如蚁人寰。

弱者不可示弱，强者不可恃强！此理，千古不易！

智慧微信

中国五千年的文化真是博大精深，一个太极，用黑白两色此消彼长就昭示了许多经天纬地和为人处世的大道理。刘伯温本身就是一个最鲜明的例子，他跟朱元璋南征北战，运筹帷幄之中帮助朱元璋建立了大明天下。可是，他却在功成名就之际，毅然地放弃高官厚禄，寄情山水之间。这是因为他最懂得强弱变化之道。因为凡事走入极端都要出问题，弱小者需要刚强不屈，强大者需要谨小慎微，才能避免走入一个变化的轮回之中。这其实是一种舍得之间的智慧。

（靳志刚）

第六辑

·我愿是激流

我用燃烧的缎带缠裹太阳的宝座，
用珠光束腰环抱月亮；
火山黯然失色，群星摇晃、颠簸，
当旋风把我的大旗张扬。
从地角到地角，仿佛巨大的长桥，
跨越海洋的汹涌波涛；
我高悬空中，似不透阳光的屋顶，
柱石是崇山峻岭。
我挟带着冰雪、飓风、炽烈的焰火，
穿越过凯旋门拱，
这时，大气的威力挽拽着我的车座，
门拱是气象万千的彩虹；
火的球体在上空编织柔媚的颜色，
湿润的大地绽露笑容。

心灵佳句

我愿是一条激流，是山间的小河，穿过崎岖的道路，从山岩中间流过。只要我的爱人，是一条小鱼，在我的浪花里，愉快地游来游去。

我愿是激流

［匈牙利］裴多菲　柔石（译）

我愿是一条激流，是山间的小河，穿过崎岖的道路，从山岩中间流过。只要我的爱人，是一条小鱼，在我的浪花里，愉快地游来游去。

我愿是一片荒林，坐落在河流两岸，我高声呼叫着，同暴风雨作战。只要我的爱人，是一只小鸟，停在枝头上鸣叫，在我的怀里作巢。

我愿是城堡的废墟，耸立在高山之巅，即使被轻易毁灭，我也毫不懊丧。只要我的爱人，是一根常青藤，绿色枝条恰似臂膀，沿着我的前额，攀援而上。

我愿是一所小草棚，在幽谷中隐藏，饱经风雨的打击，屋顶留下了创伤。只要我的爱人，是熊熊的烈火，在我的炉膛里，缓慢而欢快地闪烁。

我愿是一块云朵，是一面破碎的大旗，在旷野的上空，疲倦地傲然挺立。只要我的爱人，是黄昏的太阳，照耀着我苍白的脸，映出红色的光艳。

智慧微信

裴多菲（1823—1849），是匈牙利 19 世纪最伟大的诗人，资产阶级民主主义革命家。他的诗歌充满革命激情，风格清新，语言通俗，富有民歌味，其作品对匈牙利民族文学发展影响很大。

《我愿是激流》是裴多菲献给未婚妻尤丽亚的一首情诗。诗人热情、真挚地向爱人倾诉衷肠，咏唱对爱情的渴望与坚贞。这首诗运用比喻和对比手法，形象鲜明，寓意深长。

细品这首诗，不单单描述了美好的爱情，更多的是字里行间表现出的包容和牺牲精神，对爱人、对亲人、对朋友的包容、扶持、温暖与希望。诗中裴多菲的浪漫主义气质表现得淋漓尽致。

（吴杰）

心灵佳句

穿过阴暗的林地/我行进着/在平静的水面

微 风

［美国］庞德　刘燕（译）

我听到一阵微风
在寂静的林间焦急地寻找
我看到一阵微风
在寂静的海面搜寻

穿过阴暗的林地
我行进着
在平静的水面
我日夜追寻着微风

智慧微信

庞德自言道："一个人与其在一生中写浩瀚的著作，还不如在一生中呈现一个意象。""微风"就是他一生中刻意呈现的一种意象。它到底指什么呢？意象是不可言说的寂静之美，是梦想、是目标、是方向、是动力，在无言的召唤着。诗人无法表达，"穿过阴暗的林地"迎着困难、挫折、黑暗追寻着"微风"而去。全诗通篇传递着自然之美，微风是我，我是微风，很有点"庄周梦蝶"的意境。

（一凡）

心灵佳句

有一句话说出就是祸，有一句话能点得着火，别看五千年没有说破，你猜得透火山的缄默？说不定是突然着了魔，突然青天里一个霹雳，爆一声："咱们的中国！"

一句话

闻一多

有一句话说出就是祸，
有一句话能点得着火，
别看五千年没有说破，
你猜得透火山的缄默？
说不定是突然着了魔，
突然青天里一个霹雳
爆一声：
"咱们的中国！"

这话叫我今天怎样说？
你不信铁树开花也可，
那么有一句话你听着：
等火山忍不住了缄默；

不要发抖，伸舌头，顿脚，
等到青天里一个霹雳
爆一声：
“咱们的中国！”

智慧微信

闻一多是一个谨慎理智的人，但是，他拥有一个诗人的灵魂，他更趋向于那种外向的、激荡的情感。

诗人在感情世界方面不断凝聚着爱国主义的能量，燃烧着对祖国的爱的忠贞，有时真到了超乎于诗、超乎于语言艺术局限的境界，它似乎就要升腾起来，直立起来，逼着诗人转化为某种惊世骇俗的行动。

压制与克制的不同的生存方式都在各自的轨道上尽情发展，终究会发生剧烈的冲突。在他的主观感受中，这爱中之恨在他心中游走了好久好久，似乎与民族五千年漫长的历史相随。他压抑着、忍受着、沉默着，但在“火山的缄默”里，中国知识分子爆发出了深藏的理智与情感！

（李金光）

心灵佳句

风声急急，浪花涌起，桅杆弯着腰声声喘息……
而叛逆的帆呼唤着风暴，仿佛唯有风暴中才有安详！

帆

［俄罗斯］莱蒙托夫　余振（译）

在大海的蒙蒙青雾中
一叶孤帆闪着白光……
它在远方寻求什么？
它把什么遗弃在故乡？

风声急急，浪花涌起，
桅杆弯着腰声声喘息……
啊，——它既不是寻求幸福，
也不是在把幸福逃避！

帆下，水流比蓝天清亮，
帆上，一线金色的阳光……
而叛逆的帆呼唤着风暴，
仿佛唯有风暴中才有安详！

智慧微信

帆是诗人的化身，向往远方、向往自由、向往理想，把世俗、平庸、懒惰“遗弃在故乡”，“弯着腰”努力拼搏，顽强前行，通过海上风景的描写，表达了诗人孤独、叛逆、顽强的精神。

帆用来行船，脚用来走路。不见风雨，何以见彩虹。要实现远大目标，就必须躬身践行，勇于历练，经得起风暴雷雨，顽强前行在追求理想的道路上。

（王继德）

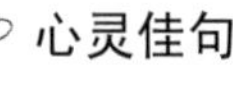

心灵佳句

天边低悬，晨光里那颗蓝星的幽光，唤醒了你我心中，一缕不死的忧伤。

白　鸟

[爱尔兰] 叶芝　袁可嘉（译）

亲爱的，但愿我们是浪尖上一双白鸟！
流星尚未陨逝，我们已厌倦了它的闪耀；
天边低悬，晨光里那颗蓝星的幽光，
唤醒了你我心中，一缕不死的忧伤。

露湿的百合、玫瑰，梦里逸出一丝困倦；
呵，亲爱的，可别梦那流星的闪耀，
也别梦那蓝星的幽光在滴露中低徊：
但愿我们化作浪尖上的白鸟：我和你！

我心头萦绕着无数岛屿和丹南湖滨，
在那里岁月会遗忘我们，悲哀不再来临；
转瞬就会远离玫瑰、百合和星光的侵蚀，
只要我们是双白鸟，亲爱的，出没在浪花里！

智慧微信

或许你没有充足的财富，没有美丽的容颜，但是只要你拥有亲情、友情和爱情，你就是富有的。纵使他有足够的财富、美貌，但如果失去了亲情、友情、爱情，那他还是一个贫穷的人。

亲情，在你寒冷时，会给予你温暖，给你勇气；友情，当你无助时，会给予你帮助，给你鼓励；爱情，当你孤单时，会给予你温馨，给你甜蜜。

好好珍惜目前你所拥有的，或许别人还在羡慕你，你是真正的富者！

（刘旭杰）

心灵佳句

你的爱于我比门第还要豪华，比财富还要丰裕，比艳妆还要光彩，它的乐趣远胜过鹰犬和骏马；有了你，我便可以笑傲全世界。

十四行诗

九一

［英国］莎士比亚　朱生豪（译）

有人夸耀门第，有人夸耀技巧；
有人夸耀财富，有人夸耀体力；
有人夸耀新妆，丑怪尽管时髦；
有人夸耀鹰犬，有人夸耀骏骥；
每种嗜好都各具特殊的趣味，
每一种都各自以为其乐无穷。
可是这些癖好都不合我胃口——
我把它们融入更大的乐趣中。
你的爱于我比门第还要豪华，
比财富还要丰裕，比艳妆还要光彩，
它的乐趣远胜过鹰犬和骏马；
有了你，我便可以笑傲全世界。

只有这点可怜：你随时可罢免
我这一切，使我成为无比的可怜。

智慧微信

在浮华的世界中，可以夸耀的东西太多了，门第、体魄、财富、宠物都可以成为炫耀的资本。这些泛滥的嗜好使最平凡而又最该重视的东西被人忽略。跟爱相比，他们微乎其微、微不足道。爱是永恒的，有了爱，就可以笑傲世界，就可以活得精彩。世界上没有什么比爱更高尚、更纯洁，更让人魂牵梦萦的了！爱似四月里一朵红红的玫瑰，散发出迷人的芳香；爱像冰雪里的一团火焰，照亮了你我的心田。世界因爱而温暖，生命因爱而精彩。愿爱永恒。

（王丽珍）

心灵佳句

我赞美我自己，歌唱我自己，我所说的一切，将对你们也一样适用，因为属于我的每一个细胞，也同样属于你。

不论是善是恶，我将跟随我的意志走向四方游走天涯，我无所顾忌，只愿用最原始的活力述说自然。

自己之歌（节选）

［美国］沃尔特·惠特曼　陈丹（译）

我赞美我自己，歌唱我自己，
我所说的一切，将对你们也一样适用，
因为属于我的每一个细胞，也同样属于你。
我邀请了我的灵魂同我一起闲游，
我俯首往下看，悠闲地观察一片夏天的草叶。
我的舌，我的血液中的每一个细胞，都是由这泥土、这空气构成，
我在这里生长，我的父母在这里生长，
他们的父母也同样在这里生长，
我现在是三十七岁了，身体完全健康，
希望继续不停地唱下去直到死亡。
教条和学派且暂时放到一边吧，
退后一步，满足于现在它们已给我的一切，

但绝不能把它们全部遗忘，
不论是善是恶，我将跟随我的意志走向四方游走天涯，
我无所顾忌，只愿用最原始的活力述说自然。

智慧微信

在这个宇宙中，生命起源于很普通的几种元素，所有的人类、动物、植物，甚至是无生命的岩石，都共享了这些元素。把别人当作自己的一部分，便会尊重别人；把自己当作大自然的一部分，便会追随自然之道而活，自由而快乐。

奥勒留甚至说过：“以愉快的心情等候死亡，须知一切生物都由几种原质组成，死亡不过是那几种原质的解体而已……这是合乎自然之道的，自然之道是没有恶的。”

善与恶是人赋予了它含义，但善与恶都是自然界中本身就存在的、合乎自然之道的。我们要做的，只是跟随自己的心，顺应自然即可。

（心悦）

心灵佳句

我的祖国啊，让我们一起力挽狂澜！让我们的梦想乘着骏马尽情地奔驰，来吧，我愿用血肉之躯做祖国理想的铺路石！

我是大自然的奇迹，我生来壮丽高贵

屈原　著　严文科（译）

我是古老的贵族高阳氏的儿子，
我出生在人人敬仰的伯庸家族。
那是一个一年中最为吉祥的日子，
祥瑞之气自天而降，我来到了人间。

太祖惊异于我出生时非凡的气度，
祈求伟大的上苍赐给我气宇轩昂的名字
我名叫“正则”，
我字为“灵钧”。

我生来美德在身，不同凡响，
我在人世间勤奋拼搏，博学广识。
我对自己的要求从来不敢有半点懈怠，

就像披上了世间罕见的江蓠和白芷织成的衣衫，
还要把那象征着高贵的秋兰佩在身上。

只是时光如流水，总是追赶不上。
为了早日能够练就超常的本领为国效力，
每天早上，我到开满木兰花的山坡上读书，
每个黄昏，我又到遍布宿莽的洲渚练习武艺。

太阳月亮不停运行忙忙碌碌，
春天秋天循环往复互相替代。
每每看到草木凋零，
总是担心青春终归要年衰老迈。

不能再浑浑噩噩地浪费生命了，
我必须趁着盛壮之年除奸惩恶，
我的祖国啊，让我们一起力挽狂澜！
让我们的梦想乘着骏马尽情地奔驰，
来吧，我愿用血肉之躯做祖国理想的铺路石！

智慧微信

屈原是我国历史上伟大的爱国主义和浪漫主义诗人，以其瑰丽多姿的诗歌和高洁的品格被历史永久地铭记。这首诗是他著名的诗篇《离骚》的开篇，诗人通过自述生平，从他伟大的先祖说起，然后到诞生、成长，记述了诗人高贵品质和心灵修炼的过程。他秉承先祖高贵的血脉，并以正则、灵钧为名，一生的追求即为报效祖国而不断完善自己的人格，他珍惜每一寸时光，不断提高自己的能力和知识水平。他的理想是那样远大，抱负是如此宏伟，从一开始就做好了牺牲的准备，惩恶扬善，斩除奸邪，宁愿以血肉之躯来为祖国伟大的复兴而铺就道路，这是多么令人景仰的完美而理想的人格形象啊。

将楚辞以现代诗的形式呈现出来，译者力图从心灵上达到屈原当时的那种抱负和心境，激昂慷慨，意气高扬，在不失原诗意境的前提下，进行了适合现代诗歌的合理改造，传承了屈原的精神。

（李雁彬）

第七辑

·谦虚谨慎，勇者无敌

世上的事，约莫就是这样，越是眼界宽、读书多、心胸大的人，看到的世界却是浩浩汤汤，横无际涯，自觉不过是在一片桃叶上飞渡急流的蚂蚁——是谦虚造就了他的谨慎，谨慎成就了他的成功。他一步步小心翼翼爬上了巨人的肩膀，放眼远望。

心灵佳句

如果说我比别人看得更远些，那是因为我站在了巨人的肩膀上。

艺高人胆小

漠　漠

都说艺高人胆大，古往今来，因为自诩艺高而勇胆横生的人不少，但最终完美收场的人却并不多。诸葛亮在古代那算是首屈一指的神人了吧？但他“算无遗策”也有遗策，“多智近妖”毕竟也是人不是妖。

有一回诸葛亮命令赵云率军攻取一座城池，他连赵云的军队何时出发、何时吃饭、何时行军、何时攻城都排了一个计划表，结果赵云出发了，却不是那么回事了！那条河正涨潮呢，若按原定的计划行军，整个行动将功亏一篑。

诸葛亮正急得不行，结果却传来喜讯，城池已破。原来赵云事先知道河水会涨潮，还没出发就让士兵准备好舟筏。这样的细心，怪不得赵云会是不折不扣的“常胜将军”。据说一次赵云大胜曹军，在熊熊火光中，赵云身披银甲，如同天神，敌方主帅吓得浑身发抖，敌军溃逃，过后败军按兵不动，诸葛亮竟然也按兵不动。手下问他为什么，他说要反思。对方反思败绩，他则反思胜绩，别人只看到我军大胜，他却看到自己军队的弊病，是以绝不贸然轻进。

看，胜也小心，败也小心。大将之道，戒骄戒躁，唯谨唯慎，说白了，就是两个字：胆小。

我们当地有父子二人行医，儿子是医大高才生，毕业后意气风发，分到重点医院，结果工作不出三年，贸然开刀治死了人，如今分配到洗衣房，濒临下岗；他的老父亲虽是江湖郎中，却医术高明；虽医术高明，却是病人当前，他必是要兢兢业业望闻问切，若是病重，还勤翻医书，多找同道商量咨询。哪怕九成九的把握能治好的病，他也从来不敢掉以轻心。到现在，医馆里还挂着病人赠送的“神医圣手”的牌匾。

艾萨克·牛顿爵士，他用数学方法阐明了宇宙中最基本的法则——万有引力和三大运动定律，被认为是“人类智慧史上最伟大的一个成就”，他为人类建立起“理性主义”的旗帜，开启工业革命的大门。

就是这样一个了不起的家伙，对于自己的成就却做出最为卑微的评价：“如果说我比别人看得更远些，那是因为我站在了巨人的肩膀上。”

世上的事，约莫就是这样，越是眼界宽、读书多、心胸大的人，看到的世界却是浩浩汤汤，横无际涯，自觉不过是在一片桃叶上飞渡急流的蚂蚁——是谦虚造就了他的谨慎，谨慎成就了他的成功，他一步步小心翼翼爬上了巨人的肩膀，放眼远望。

如此，越是懂得多的，越是胆小，不敢妄言妄行，因为他的知识和阅历告诉他，普天之下，藏龙卧虎，行走其间，稍有不慎便要贻笑大方；倒是无知者无畏，站在巨人脚下手搭凉篷，目及之处，不过三尺，却以为自己只手可以捞月，一叶障目而勇胆横生。

所以，所谓的“艺高人胆大”，很多时候，“胆大”是坑人的陷阱，“艺高”是蒙你的错觉。若说“艺高”是拼杀出来的荣耀，则“胆小”方是取胜的王道。

智慧微信

如果说“艺高人胆大”是一种勇气，那么“艺高人胆小”则是一种智慧。一个人不管他的水平多高、资历多老，如果没有谦虚谨慎的精神，只会刚愎自用，纸上谈兵，迟早会摔大跟头的。常言说：“常在河边走，哪能不湿鞋？”为人处世，只有处处小心，低调做人，才能把失误降低到最低限度。让我们在今后的日常生活中，多一份谨慎，少一份疏忽；多一份谦虚，少一份骄傲，只有这样，我们才能“小心驶得万年船”。

（马中武）

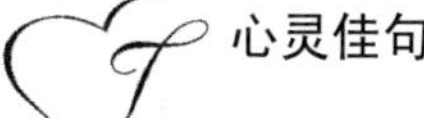

心灵佳句

不相信自己的意志，永远也做不成将军。

当危险来临时，我们不应该把眼睛投向周围的人或物，而应更多地返视自身。只有借助自身之力脱离危险，那才是真正地远离险境。

箭 囊

嵇振颉

很多时候，我们都会将命运寄托在他人或某种外物之上。有了这种依靠，我们看似在前行的道路上顺风顺水，实则是在为此后的失败埋下难以挽回的伏笔。让我们抛开那只曾经带来希望的“箭囊”，用我们的双手创造美好的未来。

这是我从书上看到的故事，那个精美的箭囊曾经是主人公攻城拔寨的原动力，但最后却成为他不幸殒命的罪魁祸首。

春秋战国时代，一位父亲和他的儿子戍边御敌。父亲已做了将军，而儿子还只是马前卒，时刻面临着生与死的考验。战斗进行得很惨烈，敌我双方反复拉锯，经过数小时的战斗，荒漠上尸横遍野。双方都没有退让的意味，都在等待时机发动致命的一击。将军已经一夜未眠，双眼布满了血丝，为了最后的胜利，他已经等了很长时间。

大风骤起，荒漠中的风沙有些迷眼，不远处，敌方的营寨内灯火摇曳。进攻的时机到了，将军高高地举起手中的令牌……

因为是突袭，震耳的号角并没有吹响，战鼓也没有被战士们擂响。出发前，父亲找到被编在冲锋队的儿子，庄严地托起一个箭囊，其中插着一支箭。父亲郑重地对儿子说：“这是家传宝箭，佩戴身边，力量无穷，但千万不可抽出来。”

那是一个极其精美的箭囊，厚牛皮打制，镶着幽幽泛光的铜边儿，再看露出的箭尾，一眼便能认出是用上等的孔雀羽毛制作。儿子喜上眉梢，小心地接过箭囊，心中臆想着箭杆、箭头的模样。他的眼前似乎出现一幅逼真的画面：箭囊内的弓箭被有力地射出，敌方的主帅应声倒地而毙。

有了传家宝的“护身”，儿子果然英勇非凡、所向披靡。鸣金收兵之时，儿子再也禁不住得胜的豪气，完全忘记父亲的叮嘱。他的心里只有一个强烈的欲望，那就是一睹箭囊内宝箭的真实面目。打开箭囊，一瞬间他惊呆了：一支断箭，箭囊里除了一支折断的箭，并没有其他利器。

刚才的战斗中，我一直是挎着这支断箭打仗！儿子不禁吓出一身冷汗，他隐约听到内心响起一阵破碎声，希望的泡沫就在真相大白之时彻底破灭。

总攻开始了，没有宝贝的护体，儿子好像变了一个人似的。他的反应开始变慢，手中的长矛也不再像刚才那样挥舞自如。很快，他身上中了好几刀，惨死于乱军之中。

这场战斗一直持续到晚上，敌兵终于被彻底消灭。拂开蒙蒙的硝烟，父亲发现儿子尸体旁的箭囊，还有里面那支断箭。父亲沉重地举起这支断箭，强忍着心中的悲痛、叹了一口气说：“不相信自己的意志，永远也做不成将军。”

故事以一个悲剧收尾，其间的过程不禁让人唏嘘。正所谓“希望越大，失望也越大。”没有这个箭囊，我们并不敢说儿子一定会在这次战役以后生还，可是当主观上认为的“护身符”变成一支断箭，他的心理彻底崩溃，由此增加了他死亡的概率。或许，他的父亲也在后悔给儿子这个箭囊，尽管他在最后说了一句比较客观的话。

正因为如此，我们不应该把所有的希望寄托在外物或他人身上，而是应将命运牢牢地握在自己的手中。

当危险来临时，我们不应该把眼睛投向周围的人或物，而应更多地返视自身。只有借助自身之力脱离危险，那才是真正地远离险境。

一次出差，我在一个购物点买了一个精美的箭囊。每次见到它，我就会想起上面那个故事，以此不断警醒自己。只有相信自己的意志和能力，我们才能成为自己人生的主宰。

智慧微信

自助者，天助之。胸中有必胜的信念，纵然身背断箭，也能驰骋沙场。

自弃者，天弃之。丧失了拼搏的勇气，即使大势在握，也终会将胜利拱手相让。

行走在世间，步步坎坷，处处挑战。有人选择依赖，却因世事难料而朝盛夕衰，跌入无限轮回的痛苦深渊；有人选择自助，凭借自己的双手应对命运刁难，创造美好明天。我们也要学会自助，自信，这样，我们的人生才会更加美好。

（安蓉蓉）

心灵佳句

无知者无畏，心态很重要，它往往能决定成败。

教授的青花瓷瓶

邵火焰

教授上课前来到教室，请学生们帮他一个忙，把他家里的一些青花瓷瓶搬到教室里来，说等会儿上课要用到这些青花瓷瓶。教授说：“愿意帮忙搬青花瓷瓶的同学请举手！”结果全班50多名学生闹哄哄地都举起了手。教授挑选了十几个平时胆大的学生，带着他们来到了他家。

教授家的储藏柜里摆着十多个高大漂亮精致的青花瓷瓶。有学生问：“教授这瓶这么贵重又这么易碎，假如我们搬运时摔碎了要我们赔吗？”教授说：“这瓶别看花色这么好看，其实并不值钱，50多元就可买一个，你们尽管搬，万一碎了你们也赔得起，怕什么呢。”学生们一听，嘻嘻哈哈地每人抱起一个瓶子就向教室跑去，把瓶子整整齐齐地摆在了讲台旁边的桌子上。

开始上课了，教授说：“同学们，知道你们刚才搬来的青花瓷瓶每个值多少钱吗？”

有学生答：“您刚才不是说了吗，每个50多元。”

教授笑了：“那是骗你们的啊！这种类型的青花瓷瓶，国内市场价，每个 2 万多元。”

“啊……”同学们瞪大了眼睛。刚才抱来瓶子的好几个学生心里一惊，因为他们以为瓶子不值钱，在路上险些摔到了地上。

这时教授的手机响了，教授按了免提键，全班同学都听到了教授与教授夫人的对话，夫人让教授把青花瓷瓶马上送回家。其实这个环节是教授事先设计好了的。

教授说：“同学们，你们都听见了吧？夫人要我把瓶子马上送回去。看来还得请同学们帮忙，帮我再搬回去。”教授顿了一下，用眼光扫视了教室一圈后说，“愿意帮忙搬青花瓷瓶的同学请举手！”

这次教室里鸦雀无声，没有一个同学举手。

教授问：“怎么，没同学愿意帮我搬吗？说说，为什么？”

有同学回答：“不敢搬，怕摔了。”

“那刚才搬来时，为什么敢搬呢？”教授微笑着问。

“那是因为我们不知道它的价值。”“那是因为我们以为即使摔了也赔得起。”

教授收住了笑容，在黑板上用粉笔写下了一行字：“无知者无畏，心态很重要，它往往能决定成败。”

同学们频频点头……这堂课上得很成功。

下课时，教授拿起一个青花瓷瓶，用力地摔在了地上，然后捡起一块碎片说：“其实，这些瓶子都是我买回的残次品，50 元也不值。”

学生们哈哈地笑了。教授也笑了起来，接着问：“有同学愿意帮我把这些瓶子搬回家吗？”

同学们的手都举了起来。

智慧微信

同样的一条小径如果在较平缓的山坡，走起来就如履平地，如果在万丈悬崖之上，我们就会举步而不敢前,如此看来,真正的困难是源自于我们心中的恐惧。

教授用买来的残次青花瓷瓶给他的学生们上了一节生动的课，学生们前后的态度都体现了心态的重要性,积极的心态往往能成为我们成功路上的助推器,而消极的心态往往会成为我们成功的阻碍，使我们惶恐，使我们不安，最终很难成功。

所以有一个良好地心态的确很重要，在学习工作中，我们应保持良好的心态，驱散生活中的各种阴影与绝望，在磨难中做一个屹立不倒的英雄。

（叶德颜）

心灵佳句

美国中小学一直很注重进行生命教育，让学生关注死亡，感悟人生意义，珍惜生命，促使学生成为全面、均衡发展的人。

他们把生命教育渗透在死亡教育、品格教育、健康教育、个性化教育和挫折教育之中，形成了完备的内容体系。

美国少年的精彩 16 秒

孙建勇

2012 年 4 月 9 日，早晨 7：25。杰瑞米和强尼与校车司机伍德叔叔打过招呼，坐到了各自的位置上。杰瑞米，13 岁，是卡车司机的儿子，同龄的强尼是外科医生的儿子，他们住在美国华盛顿州弥尔顿镇的同一条街区。两人同班，又是好友，每天结伴乘车上学。

像往常一样，等到 16 名学生全部到齐坐好后，伍德缓缓启动校车，沿着马路开往学校。一路上，车上 16 名学生很守纪律，都规规矩矩地坐在自己的座位上，聊天的聊天，看画册的看画册。坐在第二排的杰瑞米时不时扭头，欣赏窗外景色，坐在第五排的强尼则在听音乐。伍德稳稳地开着车，43 岁的他已经拥有 25 年的驾龄，技术娴熟。

早晨 7：37。校车过了第三街区，来到教堂前，再转一个弯儿，过一个十字路口，就该到校了。然而，在接下来的时间里，意想不到的危险突然降临。如果不是杰瑞米的机警和沉着，那么，车上1名司机和16名年仅十二三岁的学生，都将被死神拉进名单。究竟发生了什么呢？

把时间倒回到7：37。那时，杰瑞米不经意地瞟了一眼驾驶座，不禁大吃一惊。他看见伍德叔叔情况异常，头搁在靠背上，脸色苍白，浑身发抖，双手则完全离开方向盘。而校车呢，已经向左偏离方向，冲向教堂。这中间过了5秒，杰瑞米作出反应，惊呼一声，从座位上跳起，冲向驾驶座，抓住方向盘，这过程用了3秒。杰瑞米拼尽全力向右转动方向盘，一下、两下、三下……把车开回原路，踩刹，停车，拔钥匙，这个过程用了8秒。

这一切，被车载录像机都记录了下来。事后，人们发现，5秒、3秒、8秒，共计16秒，在这16秒中，杰瑞米没有丝毫慌乱，也没有丝毫犹豫，每一个动作都是那么迅捷、熟练，他表现出来的沉稳，与其年纪极不相称。

校车停后，杰瑞米迅速跑回自己的座位，拿出手机，拨通"911"，报告完车上发生的情况后，又来到驾驶座旁边。伍德情况非常糟糕，一直翻白眼，嘴里不断发出粗重的喘气声。这时，杰瑞米的好友强尼跑过来，说："快给他做CPR！我懂这个，杰瑞米，你帮我。"CPR，是心肺复苏法的缩写，也就是胸部按压。在杰瑞米的协助下，强尼解开伍德的上衣，一下，又一下，熟练地为伍德做着胸部按压，直到救援人员赶到，那时已经7：51。经检查得知，伍德属于突发心脏病，所幸有杰瑞米和强尼一直在做CPR，为后来的抢救争取了宝贵时间。

人们不禁要问，两个年仅13岁的小孩儿，在紧急关头为什么能够表现得如此冷静而专业呢？其实，这完全得益于他们的家庭教育和学校教育。

就家庭教育而言，杰瑞米 8 岁时，他的爸爸就开始向他传授卡车驾驶技术和汽车维修技术，9 岁时，杰瑞米对他爸爸的卡车已经了解得非常透彻，并学会了驾驶，只是因为法定年龄未到而没有去考驾照而已。至于强尼，也是很早就开始向爸爸学习医护知识和技巧，CPR 的操作要领在他 10 岁那年就已经完全掌握。

就学校教育而言，美国中小学一直很注重进行生命教育，让学生关注死亡，感悟人生意义，珍惜生命，促使学生成为全面、均衡发展的人。他们把生命教育渗透在死亡教育、品格教育、健康教育、个性化教育和挫折教育之中，形成了完备的内容体系。以健康教育为例，美国有 36 个州将健康教育规定为必修课，按幼儿园和低年级、四年级、五年级、六年级四个阶段将其内容细化，并确定了具体的健康教育目标。也就是说，从幼儿园起，杰瑞米和强尼就开始接受生命教育，至于意外事故的预防和安全知识，则是他们接受健康教育时最基本的内容。

所以，当紧急状况出现后，训练有素的杰瑞米和强尼能够表现出色，尤其是杰瑞米，在与死神的博弈中，他凭着自己的机警和能力，掌控了宝贵的 16 秒，从而化险为夷，有效地避免了一场特大交通事故。对于杰瑞米和强尼的非凡举动，整个弥尔顿镇的居民们都交口称赞，并联名要求华盛顿州政府嘉奖两位小英雄，比尔警官的话最有代表性，他自豪地说："杰瑞米和强尼是整个弥尔顿的骄傲，是美国孩子的典范。"

智慧微信

人们在生存的过程中，既要与自然界打交道，也要与各种复杂的社会事物打交道，要认识事物的本质，人们要有能力或有力量去把握世界。

知识是人类进步的阶梯，没有知识，就没有人类的一切。知识也是形成人的素质和能力的载体，没有知识，人的素质和能力就没有必要的基础。所以，无论什么时候，扎实的知识功底、广博的知识视野和合理的知识结构都是教育所追求的重要价值目标。

在知识传授与能力和素质培养的关系上，树立注重素质教育，融传授知识、培养能力与提高素质为一体，相互协调发展、综合提高。

学校的教育要树立大的教育观，知识与能力并重，让学生的知识和能力全面发展才是现代教育的终极目标。

（李杏伟）

心灵佳句

当我问起他写作成功的秘诀时，他淡然微笑着说："要学会做一只很呆笨的鸡，达到了呆若木鸡的状态，你就离成功很近很近了。"

像木鸡那样迈向成功

苏美玲

他自小被伙伴嘲讽为"呆木鸡"，他只是笑笑，从来不为自己申辩。他喜欢着文学，一头扎进书籍里，能安静地坐上几个钟头。大学毕业后，他进了机关单位，成了人人羡慕的国家公务员。当同事辗转于各类交际圈子时候，他却极少去凑那份热闹，只静静地看书，也把自己的哲思感悟诉诸笔墨，发表于报刊。他在文学路上越走越明朗，十年的磨砺，他成了《读者》《青年文摘》《思维与智慧》等杂志的签约作家，在十几家报纸开有专栏，全国著名期刊上满是他充满哲理的美文，成为当红青春励志作家之一。当我问起他写作成功的秘诀时，他淡然微笑着说："要学会做一只很呆笨的鸡，达到了呆若木鸡的状态，你就离成功很近很近了。"

"呆若木鸡"一词，现在人们多用它来形容某人蠢笨、呆头呆脑的样子，是个贬义词。实际上，庄子的本意是通过"呆若木鸡"引申为一种高深的人生修养境界。许多有识之士是深谙"木鸡"哲学之道的，并且把它运用得淋漓尽致，才成就了一番大事业，韩国三星集团的前董事长李健熙就是一个很好的佐证。作为第三子的李健熙能够继承父亲李秉哲创立的集团，这得益于他所遵从的“木鸡”哲学。说话是慢吞吞的，甚至连表情也极少变化；走路也是慢慢的，就像发呆的木鸡。熟悉他的人如此描述他沉默的性格：如果出现电闪雷鸣，别人当场就会吓晕，但李健熙会一步一步地走回家，第二天早上才会被吓晕。因为独特的习惯，李健熙多在深夜工作。大多的时间里他并非专注地做事，而是独自沉思，几乎没有动作表情地呆坐在那里，有时只吃三四个寿司就可以过一天。木鸡一旦清醒，就会立刻投入战斗，李健熙一开口发言，便直指问题核心，让对手无处可逃。他主持公司会议时，经常持续几个小时不间断，因此职员们在开会前都有先上洗手间的习惯。他深思熟虑，果断决策；不战则已，战必取胜。他大胆确立“新经营”思想，抓大放小，锐意扩张，短短几年的时间里就将三星打造成为韩国第一大企业集团，把三星推向了另一个发展巅峰。

这里，“呆若木鸡”成为了理想的姿态，掩藏着多么深奥的禅机啊。“木秀于林，风必摧之”，适度地降低自己，是人生的保护色，是一种刻意的低姿态，淡化了咄咄逼人的锋芒，消除了别人的戒备心理，轻视了你对他们的威胁。这样就能够在暗处的静默里蓄积力量，达到大智若愚的完美境界。此时，经过洗礼和锤炼，没有了盛气凌人之势，把浮躁和妄动收敛起来，任凭风起云涌，都可以做到心如止水，波澜不惊，貌似木鸡，看似呆气，实则是精神内敛，平和从容。面对挫折困境、嘲笑侮辱、名利诱惑，都能够泰然处之，既不会逞一时之强，也不沉湎于一时安逸。如此方能宁静致远，心无杂念，一步步迈向成功，做到“不鸣则已，一鸣惊人”的高境界。

智慧微信

“呆若木鸡”语出庄子，表示一个人的高深境界，但是却被讹传为贬义，作者列举了两位“木鸡”中的佼佼者——国家知名期刊的著名励志作家和三星公司前总裁李健熙。他们之所以成功是因为他们不为所动的“木鸡精神”。世界时刻在变，但变化中有些东西又是恒久不变的，那就是“天道酬勤”“一份付出一分收获”“疏于此道必精于他途”。有多少像“呆若木鸡”这样很无辜地被人们赋予贬义而行于世间的词语等待着我们去还原事实的真相，来洗刷它们的“不白之冤”。

（韩建龙）

心灵佳句

山的高度和谁先爬到山顶这都不重要，重要的是在你心里，必须有自己的一座山峰，有自己的一个高度，如果你能义无反顾、毫不畏惧地征服你心底的那座山峰，不管你费了多久选择了哪条路上山，你都是胜利者。

征服心底那座山峰

吴志强

父亲带儿子去爬山，其实，和西部的山比起来，它只算丘陵，海拔仅仅几百米。但平原上生活的人习惯把有点高度的东西叫山，我也习惯这么叫。还在离山脚很远的地方，父亲便指着隐隐约约的山顶问："雾散之前，有信心爬上山顶吗？"儿子用手比了比高度，露出一脸不屑，回头答道："爸，你太小瞧我了吧，才这么一丁点儿高，还用等雾散尽，我看用不了十分钟，便能把它踩到脚下。"父亲听完，笑而不答。

谈笑之间，车来到山脚。车一停下来，父亲便指着山说："上山有两条道可选，一条在东南方向，一条在西南方向。东南方向的道离山顶最近，但非常陡峭，西南方向的道离山顶虽远，但道路平缓。"父亲就问儿子："你选哪条道上山呢？"儿子想也不想，便指了指东南那条道。父亲点点头，说："这样吧，咱们父子俩来比试比试，我由西南这条道上山，看谁能先到达山顶。"儿子信心十足，头一仰，说："爸，你一定输。"

父子俩话别，各自寻找上山的路口。东南山口就在离他们父子分手不远，走一百多米，儿子便找到了。他来到东南山口仰头一看，吓了一跳，惊叫起来：妈呀，山怎么这么陡呢？雄心壮志瞬间就在他心底崩塌了。

"小伙子，要不要买手杖，它或许会对你上山有所帮助。"离他不远一家杂货铺的老板娘不停地向他招手。他第一次来爬这座山，心里没底，就趁机跑去询问："大嫂，从这儿上山是不是很危险啊！"老板娘不置可否，说："危不危险爬过才知道，不过，每位爬东南山口的人都会到我店里买根手杖。"男孩闻听，有点害怕，也掏钱买了一根。有了手杖，男孩心里稍稍安定些，开始沿着山道往山顶走。

山看上去很陡，但路却不是很难走，每走一步都有一个很宽的人造台阶，而且一路都有人一样高的防护栏。你只要低头走，并不感觉到山很陡峭。但男孩不一样，他走一段就回头看一看，看着看着，山便陡峭起来，越往上爬他越感到害怕。一害怕，他不得不小心翼翼，每走一步都必须拄着手杖扶着防护栏。

最终，男孩还是到达山顶，不过，他父亲早就迎候在那儿了。儿子并不服气，他要和父亲再比试比试，这次，他建议父亲由东南山口下，他自己由西南山口下，谁先到达出发点算谁赢。父亲不做声，只是不停点头。

刚下山的时候，男孩感到很轻松，全身有使不完的劲儿。可越走，他发现下山的路越长。最终，忍不住问同行的游客："从这儿到山脚大路口有多远路程。"对方告诉他，大约是东南山道的四到五倍长。男孩一听，脚就变软了。

这次，他又比父亲晚到很久，儿子仍不服气，狡辩起来："爸，这两次比赛，都因我没来过，选错了方向。上山时我应该走西南那条道，那儿不陡，走起来快；下山时应该走东南山口，那儿路程短，不费时间。”父亲听罢，长长叹了一口气，语重心长地说：“你爷爷小时候带我爬山时我爬输了也这么说，结果跟他较了一辈子劲始终没爬过他。孩子，你要知道，世上的山峰何止千万座，你不可能爬得过每一个登山者。山的高度和谁先爬到山顶这都不重要，重要的是在你心里，必须有自己的一座山峰，有自己的一个高度，如果你能义无反顾、毫不畏惧地征服你心底的那座山峰，不管你费了多久选择了哪条路上山，你都是胜利者。”

儿子听罢，对父亲肃然起敬。是啊，一切的山峰和登山者，都不过是你人生之中一个参照物。毫不畏惧地征服自己心底那座山峰，你才算得上真正的征服者。

智慧微信

一座山峰，就是一次旅程；一次旅程，一种成长，倾听树木的耳语，发现山顶的魅力，用信念去征服心底的那座山峰。每一次旅程总会面对很多未知的因素，每一次的启程总是在踽踽独行中前进，外界的干扰，意志的动摇，往往成了前行路上的绊脚石。旅途中，我们甚至看不到终点，看不到心中的风景，我们不知道前路到底该如何走，我们也不知道，最初的选择是否真的适合自己。抱怨、孤独、恐惧都会在每一步的前行中伴随自己，我们开始怀疑，开始迷茫。其实我们最需要的，就是忽略参照物，忽略外界的纷扰，勇往直前地征服自己心中的那座山。

（王迪）

第八辑

·每一天都是新的

生活中的我们都太安于现状，贪图享乐。在安逸平稳的小环境里，我们从来不去想要有所改变。即使曾经想过，也只是想想而已，现实面前，我们仍然没有勇气，因为害怕改变会让我们失去现有的幸福。现实面前，我们都很懒惰，我们担心一时的兴起会让自己付出千百倍的艰辛。于是，我们故步自封，于是，我们不敢尝试，从而将自己圈定在狭小的环境里，虽然一辈子风平浪静，可生活却如一潭死水，生命力不知不觉地枯竭。

是时候该丢下几颗石子了，让平淡的生活漾起层层涟漪。得失并不重要，我们需要的是更丰富的体验和更精彩的人生。鼓起勇气，去挑战，去尝试，会有更广阔的天地任我们驰骋。

心灵佳句

我的名字怎么会出现在别人的记事卡片上？这个人提醒自己一定要记住我，他到底想干什么？

会有什么事发生呢？我心里充满了好奇，同时也有点恐慌。

每天都尝试三件新事情

［美国］泰利·克莱恩　庞启帆（译）

如果没有看到写在上面的那几个红色的大字，我不会捡起过道上那张被人踩过的卡片。那几个字是：不要忘记。

我有点好奇：不要忘记什么？

我捡起一看，在“不要忘记”的下方，用铅笔写着三项内容：

1．雪豆

2．莎士比亚

3．桑德拉·科曼尼

我盯着第三项，感觉背部冷飕飕的。我的名字怎么会出现在别人的记事卡片上？这个人提醒自己一定要记住我，他到底想干什么？

毕竟，从严格来说这里还没有人认识我。我在纽约长大，刚搬来芝加哥不久。昨天来到这个班时，埃里森老师只是向全班同学做了一个简单的介绍。到目前为止，还没有同学跟我说过话，除了昨天午饭时那个戴眼镜的男生问我是否可以尝尝我的蛋糕。

我环顾了一圈教室，没有人看我。每个人似乎都在专心听埃里森老师讲课。

我却无法专心。到底是谁要“不要忘记我”，什么意思？我一定要找出答案。

不知过了多久，埃里森老师突然叫我的名字：“桑德拉。”我吓得跳了起来。“排队去吃午饭了。”埃里森老师笑道。

我赶紧加入已经在教室前面排好的队伍。来到食堂后，我听到前面有人问：“那是什么？”

我探头一看，是一个穿吊带裤的女生，她的手正指着一盆绿色的豆子。

“雪豆。”分菜的阿姨说道，“想来点吗？”

“不了，谢谢。”女生答道。

“我倒想尝尝雪豆。”我身后的男生低声说道。

雪豆！那张卡片上的第一项内容。

午饭后，埃里森老师宣布：“同学们，诗歌时间到了。”

“这个小活动是从上周开始的，每个人都必须念一首诗。”埃里森老师解释道，“桑德拉，你刚来，今天你就只做一个听众吧。好了，谁先来？”

只有一只手举起来。是刚才那个要了雪豆的男生。

“好，维特，你先来。”埃里森老师说道。

“活着还是死去，这是一个问题……”维特开始念道。我觉得这首诗很熟悉，但一时又想不起来是谁写的。

维特念完后，一个卷发的女生举起了手。“埃里森老师，那不是诗歌。”她大声说道。

“莎士比亚写了不同种类的诗歌。”埃里森老师答道。

莎士比亚？那张卡片上的第二项内容。原来刚才维特念的是莎士比亚的作品《哈姆雷特》中的一段经典大独白。

我开始感到恐慌，想着接下来会发生什么。

但是什么也没发生。

放学后，我坐在校车上，仍然盯着那张卡片。前两项内容都发生了，接下来就应该是我。会有什么事发生呢？我心里充满了好奇，同时也有点恐慌。突然，我觉得有人在盯着我。我抬头一看，原来是维特，那个吃了雪豆和念了莎士比亚的诗的男生。

“有事吗？”我疑惑地问他。

“没事。”他报以我一个微笑，“我只是想跟你聊聊。我几乎要忘记这事了。”

“忘记什么？”

“你是我的记事卡片上的第三件事。”

我猛吸一口气。“这是你的？”我举起那张卡片。

他笑了。“是的。你在哪里发现的？”

“在教室的地板上。可是，这到底是什么意思？”

“这都是我妈妈的主意。她让我每天都尝试三件新的事情。”

“雪豆、莎士比亚和我？”我问道。

“是的。我以前没吃过雪豆，所以今天尝试了一下。嘿嘿，味道还不错。午饭后的读诗活动，我爸爸向我建议了莎士比亚的诗。”

“那我呢？”

“你是新来的，所以我应该跟你打招呼。”

那天晚上，我拿出一张记事卡片，写下了自己明天要做的事情：

1. 尝尝菠菜乳蛋饼

2. 带点心给那个戴眼镜的男孩

3. 跟那个穿吊带裤的女生打招呼

想了想，我笑着加了这条进去：4. 感谢维特。

智慧微信

看到作者最后笑着写到“感谢维特”，我们或许也会会心一笑。“感谢维特”这不仅是作者要去尝试的事，更是感谢维特让他懂得了生活还可以这样过，这会让每天都过得充实，新鲜又有意义。

作者在文中传达给我们的是：每天都尝试三件新鲜的事情，这可以让生活充满激情，也刺激我们去探索那些未知的世界。在作者这个“建议”下，我们还可以尝试每天都做三件我们本不敢去做的事情。那么，我们会不会解开生活中的很多以前一直认为没有可能解开的疑团？我们会不会走上曾经不敢相信自己会走上的一个生活高度？就这样决定吧！每天尝试三件曾经不敢做的事！

（黎少清）

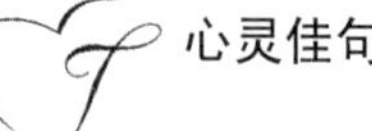
心灵佳句

实话，就像太阳一样，没有谁在直视它时能不眼花缭乱。他这才意识到，对别人实话实说比接受实话要难得多。

实话实说

［印度］R. K. 纳拉扬　筱夕（编译）

塞卡尔说，实话，就像太阳一样，没有谁在直视它时能不眼花缭乱。人们都喜欢靠被软化了的实话来维系彼此之间的关系，从而避免伤害他人。但是，他决定把今天定为一个特别的日子，他想要完全接受实话并且对别人也实话实说。

一大早，妻子给他端来了早餐，第一个测试就此开始。当妻子看着自认为是佳肴的烹饪作品，问他好不好吃时，平日里为了顾及她的感情，他都会说："你看，我吃得很饱了，就是这样。"可是今天，他却直接说："这玩意儿可真难吃，无法下咽。"

他的第二个测试是在公共场合。当时，一个同事走过来说："某某死了，你听说了吗？很遗憾吧？"塞卡尔回答："不遗憾。"那个人又说："他是那么好的一个人……"塞卡尔立即打断了他："并不是这样，他给我的印象就是个自私自利的吝啬小人。"

后来，在快下班时，塞卡尔接到校长写给他的条子："回家前来找我。"塞卡尔一边读一边自言自语：一定是关于那些试卷的事，我已拖了好几个星期。

塞卡尔走进校长室，彬彬有礼地说："你好，先生。"

校长抬起头来异常友好地看着他，问："今晚有空吗？"

"哦……有什么特别的事吗，先生？"

"你不知道我在音乐方面的缺憾吧？我一直在偷偷地练习，今天晚上，我要你到我家听一听。我雇了鼓手和小提琴手给我伴奏，我想征求你的意见，我知道你的看法一定很有价值。"塞卡尔的音乐品位赫赫有名，他却没料到这份爱好会把他带入另一个测试。

到了校长家，塞卡尔得到了热情的招待。校长对他说："你一定要放松心情来听，不要为那些考卷发愁。"他半开玩笑地又加了一句，"我会给你一周时间的。"

"10 天行吗，先生？"

"好的，批准啦。"校长慨然应允。等鼓手和小提琴手就座，校长唱了一首印度歌曲，便问塞卡尔："挺不错的传统民歌，不是吗？"塞卡尔假装没听见。校长又唱了支塞亚甘拉贾创作的歌。塞卡尔边听边在心里点评：他的声音像一群青蛙呱呱叫；他的吼声像头水牛；现在他的声音简直是暴风雨中没拉紧的百叶窗。

两个小时过去了，塞卡尔听着校长的歌唱越发头疼，人也有些麻木了。校长看起来也汗流满面，嗓子快唱哑了，这才停了下来问："还接着唱吗？"塞卡尔急忙回答："先生，这就可以啦。"这时，他注意到校长太太从厨房里探头张望，眼神里充满期待。鼓手和小提琴手也如释重负。校长摘下眼镜又擦了擦额头的汗，问塞卡尔："请实话实说，我唱得好吗？"

"不好，先生……"塞卡尔吞吞吐吐地答。

"哦……那我接着练习有用吗？"

"一点也没用，先生……"塞卡尔的声音在颤抖，他这才意识到，对别人实话实说比接受实话要难得多。

回到家，妻子板着脸给他端上饭菜。他知道她还在为早晨的话生气。塞卡尔自言自语：倘若测试一周，恐怕会众叛亲离。

第二天，塞卡尔接到校长的电话，他忐忑不安地上了楼。校长说：“你的建议很有用，我已经把音乐老师打发了。这么长时间，谁也不肯对我说实话。谢谢你。顺便问一句，那些考卷判得怎么样啦？”

“您给了我 10 天时间。”

“哦，我重新考虑了一下，明天非要不可！”

“是的，先生。”塞卡尔心想，通宵夜战判百份考卷对于实话实说来讲代价还不算大。

智慧微信

对任何事都真实客观地表达自己的观点会有什么结果？文中塞卡尔的实验在让人哈哈大笑之余更引人深思。反观自身，我们能否有勇气在任何场合都坚持实话实说呢？在用自以为善意的谎言装点自己及他人的人生时，我们是否已经失去了很多，比如说真话的勇气，比如知道事情真相的机会等等。

俗语说：“良药苦口利于病，忠言逆耳利于行。”尽管有时候撒谎能够使别人高兴，但是并不利于他的发展。对于听到“忠言”而不高兴的人来说，应该仔细分析他人对你的评价，听从他人的正确意见，才能更加有利于自己的成长。

（苏昌怀）

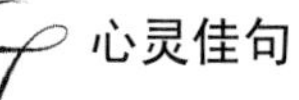

心灵佳句

一个人早死几个小时，或者晚死几个小时，实在是无所谓的小事，绝影响不了地球的转动，社会的前进。

只做花花世界梦

季羡林

我从小就喜爱小动物，同小动物在一起，别有一番滋味。

我同虎子和咪咪二猫都有深厚的感情。每天晚上，它俩抢着到我床上去睡觉。在冬天，我在棉被上面特别铺上了一块布，供它们躺卧。我有时候半夜里醒来，神志一清醒，觉得有什么东西重重地压在我身上，一股暖气仿佛透过了两层棉被扑到我的双腿上。我知道，小猫睡得正香，即使我的双腿由于僵卧时间过久，又酸又痛，但我总是强忍着，决不动一动双腿，免得惊了小猫的轻梦。这样过了几年，小咪咪有八九岁了。虎子比它大三岁，十一二岁的光景，依然威风凛凛，脾气暴烈如故。而小咪咪则出乎我意料地露出了下世的光景，常常到处小便，桌子上、椅子上、沙发上，无处不便。

有一天傍晚，我看咪咪神情很不妙，预感要发生什么事情。我唤它，它不肯进屋。我把它抱到篱笆以内，窗台下面。我端来两只碗，一只盛吃的，一只盛水。我拍了拍它的脑袋，它偎依着我，“喵喵”叫了两声，便闭上了眼睛。我放心进屋睡觉。第二天凌晨，我一睁眼，三步并作一步，手里拿着手电，到外面去看。哎呀，不好！两碗全在，猫影顿杳。我心里非常难过，说不出是什么滋味。从此我就失掉了咪咪，它从我的生命中消逝了，永远永远地消逝了。我简直像是失掉了一个好友，一个亲人。至今回想起来，我内心里还颤抖不止。

在我心情最沉重的时候，有一些通达世事的好心人告诉我，猫有一种特殊的本领，能知道自己什么时候寿终。到了此时此刻，它们决不待在主人家里，让主人看到死猫，感到心烦或感到悲伤。它们总是逃了出去，到一个最僻静、最难找的角落里，等候最后时刻的到来。

我听了以后，若有所悟。我不是哲学家，也不是宗教家，但读过不少哲学家和宗教家谈论生死大事的文章。那些文章大半都是老生常谈，没能给我留下深刻的印象。现在看来，倒是猫临终时的所作所为给了我很大的启发。人们难道就不应该向猫学习这一点经验吗？有生必有死，这是自然规律，谁都逃不过。中国历史上赫赫有名的人物，秦始皇、汉武帝，还有唐太宗，想方设法、千方百计求得长生不老，到头来仍然是竹篮子打水一场空，只落得黄土一抔，“西风残照，汉家陵阙”。我辈平民百姓又何必煞费苦心呢？一个人早死几个小时，或者晚死几个小时，实在是无所谓的小事，绝影响不了地球的转动，社会的前进。再退一步想，现在有些思想开明的人士不要遗体告别，不要开追悼会。但其后人仍会登报，发讣告，还要打电话四处通知，总得忙上一阵。何不学一学猫呢？它们干得何等干净利索呀！一点痕迹也不留，让人们用不着落泪，照旧做着花花世界的梦。

智慧微信

在人之外所有的动物中，似乎只有猫和狗两种是可以跟人和谐、平等相处的。乡下人更是说：狗是人的儿子，猫是人的闺女。猫和狗生活比较单纯，总是愿意和主人恬淡平静地生活在一起，没有心机，不会尔虞我诈。而人有时候却很复杂，人的欲壑难填，得到了还想得到更多，失去了却常常心有不甘。就像人死了，本来应该一了百了，简单埋了或者烧了。但是活着的人常常要隆重悼念，以后还会隆重纪念。其实很大一部分原因不是为了死去的人，而是为了活着的人的一份私心罢了。这方面，人真还不如猫和狗。

但在对待生死的态度上，老人的心态还真和年轻人的不一样。逝者可以悄然离去，但活着的人却难以接受，活着的人一是会痛苦、悲伤，尤其对亲人来说，这是真实的情感；二是必须通过对死者的追悼让更多活着的人感觉到人活着的价值和意义。

（靳志刚）

心灵佳句

花茶酷似老北京，温润浓郁。茶和花的香味儿，耐闻耐喝。你可以大碗大碗、大杯大杯地喝，解渴；也可以慢慢咂吧着喝，随便，没有那些个讲究。

末了，老和尚赘了一句：“苦，才是人间正品。”

佛手茶

妙　华

以前我也喝茶，红茶、绿茶、花茶都分得出来，而且知道好坏。我还看过陆羽的《茶经》，看过云南古老的茶树王，杭州龙井茶树、茶垅和龙井寺旁古人专门用来泡茶的龙井泉，还目睹了工人制作茶叶的整个过程，甚至还听到很多关于茶的故事，和茶人们谈茶道，观赏茶艺表演。最玄的要算把禅和茶弄到一起的佛门中人了。他们说禅中有茶，茶中有禅，习禅如品茶，品茶如习禅，大家都这么说，玄玄乎乎的，至于茶中怎么个禅味，禅中怎么个茶味，我至今没有听到，也没有看到，更没有体味到。禅门大德的开示中又很少将禅茶并讲，所以至今我的心里也还是未辨东西。

在玻璃杯中冲龙井茶，水不要太烫，不要盖盖子，这是杭州人教给我的；在泥壶或紫砂壶中泡乌龙茶，水要开要烫，壶要盖严，这是福建人教给我的。如此各种不同的茶具，不同的技法，可以说是林林总总，花样百出，说不能尽，书之不完。但这些在我看来，都是花活，因为茶到底是什么味道，完全在于喝茶或品茶的人。

花茶酷似老北京，温润浓郁。茶和花的香味儿，耐闻耐喝。你可以大碗大碗、大杯大杯地喝，解渴；也可以慢慢咂吧着喝，随便，没有那些个讲究。

乌龙茶恰如闽南人，它对你的那份情意要细细地品味，在舌尖，在上腭，在喉间，只能小盅小盅的，和着那苦涩，和着那浓香，拿捏着品茶的规矩，吃着茶点慢慢品。

龙井茶正如苏杭人，清清爽爽。朋友远近，经济往来，毫不含糊。借的是借的，必须还；给的是给的，不必还，没有什么好啰唆的。弄不清的事，苏杭人不喜欢。北方人大口大口地喝龙井茶，末了，抹抹嘴，说有一股青草味，把难堪留给苏杭人。所以，龙井茶要一小口、一小口地呷，三遍过后，可以将水滤去，把茶叶吃了。

大热天，在街上奔来跑去，外灼内热，喝什么茶都只有一个目的——解渴，茶也就没有什么味了；大冬天，聚在一起，家长里短，外冷内寒，喝什么茶也只有一个目的——暖和，茶也就没有什么味了。

我喝茶曾闹出过好大一个误会。老和尚从陕西带给我一盒价值五百元的陕青，我特意叫来几位同道，实实在在地泡了一紫砂壶。大家刚喝了一口，都不约而同“哇”的一声吐了出来，边抹嘴边说：“苦死了，比中药还苦。”我小心地呷了一口，真苦，没有一丝香气，也没有一点茶味。

我很委婉地打电话给老和尚。老和尚很耐心地给我说：“陕青又名‘佛手’，长在很高大的树上，春天茶树抽枝的时候，茶农连同枝条摘下来，阴成半干，一个一个搓成麻花状，再揉成一小团，所以一杯只需放一个，便可以喝半个月，你怎么能泡半壶呢？而且它清火明目，味道苦中含香，是不可多得的茶中上品啊！”

末了，老和尚赘了一句：“苦，才是人间正品。”

智慧微信

中国是茶的故乡，茶是国人生活的一部分，自古以来就形成了浓厚的茶文化，品茶的讲究很多，所以陆羽能以一部《茶经》而名垂千古。“矮纸斜行闲作草，晴窗细乳戏分茶”是一种闲情，“寒夜客来茶当酒”是一种热诚，或独自品鉴，或与客对呷，各具情趣。文人高士在茶中品出性情，市井贩夫则用茶来浇灭干渴。茶之滋味，先苦而后甜，回味悠长，或醇厚，或清淡，清香之中散发着自然山水的灵秀，飘逸着天地日月的精气，蕴含着深奥的人生哲理。正如作者文中所言，“苦，才是人间正品。”谁能静下心来品得生活之苦，谁就会有清甜悠长的回味。

（李雁彬）

心灵佳句

在这个世界上，没有什么末日比心灵的末日更为可怕。即使世界明天就要结束，我也要种我的小苹果树。

掐错的那条腿

贾云刚

曾担任过美国总统的安德鲁·杰克逊在妻子逝世后，一直对自己的健康状况非常担忧，因为家族有遗传疾病，那个时候，他的家人已有好几个人死于瘫痪性中风了，这让他感到很忧虑。

所以，尽管杰克逊一直健康地活着，但是心中的忧虑一直让他认定自己也会死于这种病症，因此，他一直在阴影中极度恐慌地生活着。

有一天，他正在朋友家与一位小姐下棋，突然手就那么垂了下来，整个人看上去非常虚弱，脸色苍白、呼吸异常沉重。他乏力地说："它还是来了，我得了中风，我的左腿瘫痪了。""什么，你是怎么知道的？"和杰克逊下棋的那位小姐问他。"因为，"杰克逊紧张地回答说，"刚才我在我的左腿上掐了几次，但是一点感觉都没有。"

"可是，先生，"那位小姐微笑着说，"你刚才掐的是我的腿呀！"

人们常说心魔弄人，杰克逊就是在心魔的阴影中不能自拔，才闹出这么一个让人啼笑皆非的笑话。

笑过之后，我们发现生活中这样的例子比比皆是，有人一旦怀疑自己得了什么病，便惶惶不可终日。还有些人，在知道得了癌症之前还活蹦乱跳的，一旦知道自己得了绝症，整个人精神上一下子就崩溃了，身体状况急转直下，每天都在心里提示自己来日不多了。没多久，疾病的入侵加上精神的双重压力，终于让人不堪重负。有个医生曾经说过，癌症病人都是自己被自己吓死的，这话不无道理，更有意思的是，《2012》这部灾难片播放之后，不少人都改变了自己的观点，一旦有什么灾难就联想丰富地和世界末日挂钩，惶惶不可终日，仿佛世界末日马上就要来临一样！

其实，在这个世界上，没有什么末日比心灵的末日更为可怕，精神超负荷的压力远远超越了疾病本身带给我们的痛苦，于是，再艳的花都失去了芳香，再灵动的水也无波无澜，愁眉紧锁代替了谈笑风生，万事万物的黯淡都因心灵的崩溃而最先中风。

如果不幸迟早会跟你打个照面，或幸好事情并没有你想象的那样糟，那么，你又有什么理由不微笑?！即使不幸在明天来临，我们也没必要今天就为它付出惨重的代价。

纪伯伦写过这么一首小诗：即使世界明天就要结束，我也要种我的小苹果树。这就是一种超然于世的境界，坦然面对生活的一种态度。

智慧微信

淡定从容的人生，令人钦佩，更令人羡慕。拥有一颗坦然的心的人，有泰山崩于前而面不改色的气概，有敌军围困万千重而我自岿然不动的魄力。

坦然的人，不会因外界干扰而乱了心性，更不会因为外界的干扰而乱了自己的步伐。

从古至今，但凡有所作为的人，皆因有这不以物喜、不以己悲的坦然心态，才能在乱世之中，逐鹿中原；才能在流言蜚语之中，坚持己见；才能在浊世之中，做到出淤泥而不染。

（左夏林）